STRONG
FATHERS, STRONG
DAUGTHERS
DEVOTIONAL

养育女孩

（父亲版）

（美）梅格·米克◎著

刘海静◎译

九 州 出 版 社
JIUZHOUPRESS

图书在版编目（CIP）数据

养育女孩：父亲版 /（美）梅格·米克著；刘海静译 .-- 北京：九州出版社，2017.3（2021.1 重印）
ISBN 978-7-5108-5086-8

Ⅰ.①养… Ⅱ.①梅… ②刘… Ⅲ.①女性—家庭教育 Ⅳ.① G782

中国版本图书馆 CIP 数据核字（2017）第 033772 号

Strong Fathers, Strong Daughters Devotional: 52 Devotions Every Father Needs

Copyright © 2016 by Meg Meeker. All Rights Reserved.

Published by Regnery Faith, An imprint of Regnery Publishing, A Division of Salem Media Group.

Simplified Chinese edition is arranged through CA-LINK International LLC (www.ca-link.com)

版权合同登记号 图字：01-2016-9689

养育女孩（父亲版）

作　　者	（美）梅格·米克 著　刘海静 译
出版发行	九州出版社
地　　址	北京市西城区阜外大街甲 35 号（100037）
发行电话	（010）68992190/3/5/6
网　　址	www.jiuzhoupress.com
电子信箱	jiuzhou@jiuzhoupress.com
印　　刷	天津创先河普业印刷有限公司
开　　本	700 毫米 ×930 毫米　16 开
印　　张	14
字　　数	120 千字
版　　次	2017 年 4 月第 1 版
印　　次	2021 年 1 月第 3 次印刷
书　　号	ISBN 978-7-5108-5086-8
定　　价	42.00 元

目录
CONTENTS

前言
INTRODUCTION

读者或许会感到意外，本书的开篇居然是一份致歉词。

身为男人，可能有一部分人会觉得，除了赚钱养家和偶尔的修理工作之外，家人并不是很需要你。

你会怀疑，自己根本不知道如何做个好爸爸。

你会认为，你的妻子和孩子都不想听你说话，所以你说不说都一样。

你甚至会感到，家只是一个睡觉的地方而不是你生活的地方。

此刻我要对你说：对不起。

对不起，因为在当代女权主义运动和受其影响的流行文化肆意贬低男性精神的时候，我也曾参与其中。

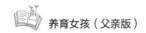

现在，我想帮助你拿回本属于你的东西——身为父亲的角色。

我知道你一定是个好男人，因为你拿起了这本书，因为你想与自己的孩子更亲近，并且你正走在正确的道路上。

请你在心中牢牢铭记这一点：你有资格当一名了不起的好父亲。

我如何知道？因为我与形形色色的父亲们有过交流。他们之中有美国国家橄榄球大联盟（NFL）的球员，有蓝领工人，也有成功的管理层人士。

我在你们身上见过克制不住的坏脾气、无法自拔的抑郁、导致家庭破裂的外遇，以及把自己送进监狱的暴力。

我也见过你们主动远离所有这些诱惑，并以父性的伟力和坚韧自持。

对做父亲的人而言，成为女儿的好爸爸所需的一切素质，都深藏于你的灵魂之中。这是男人本质属性的一部分，你所做的只是发现它。承认挫败是容易的，放弃和离开也是容易的。但正如你所知，真男人永不放弃。

是的，你需要付出努力。一份良好的婚姻比一次外遇要艰难得多（至少在某个时期是如此），但一份好婚姻是你人生的重要意义之一——它好过一切外遇。

做一个好父亲也需要努力，为人父是一个男人所能经历的最壮丽的冒险。

我希望这本书能在这一行程中为你提供帮助——帮助你发现自己内心的品质，帮助你成为女儿所期盼的父亲。

此时，我是以一个医生的名义说这些话。过去十年来，我一直在倾听女儿们谈论自己的父亲，我相信在一个男人努力成为好男人和好父亲的过程中，信心至关重要。

你是哪种人、是否有信心，以及如何对待你的子女真的非常重要。

STRONG FATHERS, STRONG DAUGHTERS
DEVOTIONAL

第一章

────

做个好父亲并不难

01

唤醒深沉的父爱

我不知道你为何会拿起这本书——也许是有人向你推荐它，也许是你的妻子或友人将它送给你当礼物。

我不知道此刻你是在书店中还是在通勤的地铁上浏览这本书，但如果你读到了这行字，那么至少有三件事几乎是确定无疑的：

1. 你有一个自己宠爱的女儿。

2. 你是个善良尽责的好男人。

3. 你很想与女儿保持沟通，并帮助她成为一个身心健康的成年人。

你的女儿可能正处于青春期，也可能是个面临着不少困境的年轻女性。你想尽一切办法帮助她，但直到目前为止似乎都没什么效果，你甚至感到智穷力竭。

又也许，你的女儿年龄尚小，乖巧听话。但你要知道，她长得比热带雨林中的竹子还快。尽管你无法永远为她遮挡生命中不可避免的伤痛，但你依然希望在她快速迈向成年的过程中帮助她少走弯路。

不用我说你也知道，我们的世界对于女孩是相当残酷的，我们的女儿每天都置身于丑陋的现实中：媒体攻击女性的价值；她们的同龄人和不怀好意者会将她们视为潜在的侵犯目标，这些侵犯包括言语、情感和性侵犯等。

每当有身心备受困扰的女孩出现在我的办公室时，她们要么情绪抑郁、吸毒成瘾、有传染病（性病），要么就是怀孕了。我的病人中有些是离家出走的女孩，有些正在找机会离家出走。

这种"女儿危机"有何解决良策？这取决于回答问题的人是谁。政客们呼吁进行更多研究和立法；心理健康专家呼吁制定更多心理咨询和辅导计划；女性团体呼吁开展更多性教育，进行更多节育措施，并呼吁政府加大资金投入力度。

而我呼吁更为深沉的父爱。

这也是你女儿的期盼："爸爸，请为我而强大。保护我、教导我，指示给我正确的道路。"女孩们常存着这样的念头，哪怕她们无法或不愿表达出来。在我所写的《强爸爸 好女儿》（中央编译出版社）一书中，我是这样表达这一点的："如果你能以女儿的眼光注视自己十分钟，你的生命便会从此改观。"

我根据自己从事儿童和青少年治疗三十余年的实践经验得知，如果一个父亲不认真扮演自己的角色，如果他们无法以母亲难以提供的男性力量和教导去帮助女儿，女儿的心灵一定会出问题。另外，浩如烟海的科学数据也显示，如果女孩能从坚毅而尽责的父亲那里获得保护和教导，她们的言行举止就会更为出色，能成为更优秀的人。反之，如果她们的父亲对女儿疏于管教或根本不上心，女儿往往会感到迷茫或困扰，很难有令人满意的表现。

父亲是如何令女儿丧失志气的？

据我观察，主要有两种情形：1. 父亲对女儿过于严苛，提出的要求不合情理。2. 父亲对女儿漠不关心，不尽责任。

但我也见过尽职尽责养育女儿、与女儿情谊深厚的父亲。这些父亲主动在女儿的生活中担当刚毅深沉的父亲角色，而他们的女儿也往往积极、活泼、信心十足。

遗憾的是，数十年来，我们一直在贬低父亲的角色。我们的文化嘲笑父亲的权威，否认父亲地位的重要性，你的内心甚至也在质疑自己的能力，向你发出"努力了也没用"的暗示。

做一位刚毅的父亲是崇高而神圣的事业，但这可不像在公园里散步那么简单。做父亲始终很艰辛，有时甚至让人心生恐惧。但正如一切伟大而有意义的事业一样，风险虽大，但回报更大。

在女儿面前，父亲"倾尽全力"的态度比什么都重要。

* 好爸爸应该这样做 *

花几分钟时间，把你对女儿的期待列出一张清单。例如：

• 我希望女儿从内心深处懂得，她拥有我无条件的爱。

• 我希望我的女儿重视诚实正直的品德，成长为一个有良知的女性。

• 我希望能培养女儿的鉴别力，使她能对不同的文化观念和不同的人做出评判。

然后再把你女儿目前面临的挑战列出一个清单。例如：

• 女儿极为腼腆和缺乏自信。

• 女儿在学校过得不太顺利。

• 女儿长得太美，别人只留意和评价她的容貌。

列出你的清单并浏览这些项目，然后将这些项目作为你担当父亲这一角色的行动指南。

02

说爱永远都不晚

我想对那些深感沮丧的父亲们说儿句话。

假设从总体上说，你与女儿的关系不错，但昨晚临睡前，你经历了一个糟糕的时刻：你对她大发脾气，她难以克制地哭了起来。现在你因此而悔恨不已，觉得自己像个疯子，而你的女儿也不愿理你了。

这也许算不上什么大事，但如果你经历的不止是一个糟糕的时刻，而是糟糕的一年甚至两年，你的女儿可能会觉得你们的关系并不"温暖"。而更令人难以接受的事实是，你很清楚自己要为这一局面负大部分责任。

当然，你并不是故意要把事情搞成这样，但你并没有试图去改善局面，反而为自己找一堆借口——太忙、太专注于工作、在家太散漫、对女儿太苛刻、太放任女儿、太自私、太口不择言等等。

或许正因为长期以来你一直沉溺于上面所列举的某一种（甚至几种）行为，才导致现在的问题如此棘手。现在你内心充满绝望，摆在你面前的是另一堆新的"太……"——你觉得现在已经为时太晚、让女儿失望过太多次、改变的机会太少、整个局面已经变得太糟糕。

我在《强爸爸 好女儿》这本书中说过："即便你觉得已经为时太晚，女儿已经与你太疏远，你还可以奔向她。你的年龄或女儿的年龄并不重要，重要的是，你是她的父亲，她是你的女儿。"

当然，我不能假装我对你的情况了如指掌，也无法保证最后你一定能收获一份良好的父女关系，更无法给这种关系定一个期限，但我愿意同你分享几个策略。在格外令人绝望的时刻，这些个策略曾为我和很多我认识的父亲带来帮助。

回顾过去。回顾自己的过去是有意义的。欢乐的回忆会时刻萦绕我们心间，因此，你应当一遍遍地重温和复述自己家中的乐事。这些回忆能帮我们度过艰难的时光，会提醒我们说："生活并不总是这样。"

那些令人难过的记忆虽然无法带给我们欢乐，但同样是有意义的。如果我们聪明一点儿的话，就能把过去的负面事件当作对自己的警醒。

从回忆中寻找欢乐是重要的，当然也无法抹去悲伤。但我们必须警惕，不能在回忆过去时任自己沉溺于悔恨之中。为无法改变的事而折磨自己毫无意义，你无法收回过去的话，也无法更改过去的行为。过去的就是过去了。那么，你能做什么呢?

注视内心。当你发现自己有过度沉溺于悔恨中的倾向时，应立即制止自己，并审视自己的心灵。问问自己:我是否曾真诚地请求过女儿（或任何被你伤害过的人）的原谅? 我可曾为自己所做的错事或应做而未做的事承担责任?

如果你对这些问题的回答是"是"，那么该做的你都已经做了。你无法抹掉或重写过去，但你可以从现在起书写新的未来。哪怕你无法在今天将一切都重头来过，至少今天是新的一天、新的机会。

展望未来。对于那些感到自己犯下太多错误的父亲们来说，这一点很重要。你应该向前看，而不是纠结于自己没做的事和做错的事。从你的失败中总结教训，然后继续前行，在你迈向未来的过程中，专注于你能完成的事。问问自己 :"我今天能完成什么?"

* 好爸爸应该这样做 *

如果作为父亲，你曾屡屡失败，那么请记住，今天是全新的一天，你可以在今天做出改变，纠正过去的错误。首先，拥有一颗谦卑的心。如果你与女儿的关系非常糟糕，你或许希望从妻子那里获得建议。但如果可能的话，请直接、主动地与女儿交流。只有她在很远的外地时，你再借助电话与她沟通，同时勿用短信或电子邮件，平时就和她一起坐下来谈。如果她年龄较小，把她抱在膝盖上；如果她年龄较大，就坐在她对面。你要为自己过去所有无礼的话语、行为和态度承担全部责任。

将你错误的言行列举出来，对她说对不起，直视她的眼睛，请她原谅你。

但不要轻率地做出"我以后不会再犯这样的错误"之类的承诺。这种话听起来虽然高尚，但却有风险，因为一旦你在未来没有兑现这些承诺，将会给女儿的心灵带来不可估量的伤害。请告诉她，你把重获她对你的信任和尊重看得比一切都重要，同时重申你对她的爱。

没有什么能比父亲愿意承认自己言行有错更能教人懂得谦卑。当你这么做的时候，你也是在教导女儿不要扮演受害者的角色，不要气势汹汹地指责别人，不要为自己的错误行为找借口。

03

你有资格成为好父亲

畅销书作者约翰·艾卓之（John Eldredge）说，男人最关心的问题不是某款游戏是否已经发行，不是晚餐吃什么，也不是还有没有啤酒，而是"我能行吗？"

男人时刻都在与这一问题斗争。他问自己：我能做成这单生意吗？我能得到这份工作吗？我能获得她的关注和好感吗？我能自己创业吗？我能养家糊口吗？我能完成铁人三项比赛吗？

在处理与女儿的关系时，男人也会问自己类似的问题：我能成为她期待的那种父亲吗？我能设法帮她走出阴郁的日子吗？我有能力保护她吗？我能否忍受她不成熟、不理智的青春期？

我想对你说的是：当你成为父亲时，答案是肯定的。你能做到这些，

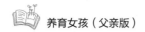

有三个简单的原因：

1. **你拥有能为爱付出的心、能思考的头脑和自主行为的能力。**你生而为人就拥有所有这些条件，因此你当然能做到。除此之外，你还有更多能做到的理由。

2. **你是个男人。**我知道这么说有性别不平等之嫌，但我身为医生和妻子的经验都让我相信这一事实：在培养健康女儿的过程中，男性的每一项品格——男性的力量、视角、父性的智慧等——都不可缺少。

3. **你是个成熟的人。**你可能觉得自己还不够成熟，没有完全负起父亲应尽的责任，但你至少比你的女儿成熟。

我知道你会抗议："是的，梅格医生。但我觉得当父亲挺吓人的。我以前从没做过父亲。我显然不够有智慧！"

我得为你减减压。你的女儿并不需要你像天才一样有智慧，不需要你很有钱，也不需要你具备任何你不可能具备的条件。她需要的只是你这样的父亲，这是命运的安排。

你当然会有自己不懂的事，而且永远都会有，但保持积极学习的态度并接受自己有所不知这一点很重要。你拥有弥足珍贵的人生经验。

要成为一个更好的父亲，你无须先成为一个百万富翁或者天才，但你必须负起责任，拥有成为好父亲的意愿。能主动融入女儿生活的父亲才是成功的父亲。

在《强爸爸 好女儿》一书中，我曾说过：

"你也许无法凭一己之力改变流行文化的趋势，也改变不了学校的课程表，但你的言行举止，你的示范带头作用决定了女儿能否健康顺利地成长。你对女儿的影响就是这么重要。"

换句话说，你拥有成为好父亲的资格。

* 好爸爸应该这样做 *

在培养女儿时，发挥你所具有的能力、天赋和经验。将你具备的素质列成一份清单并加以思索，像下面这样：

我的力量：

· 我深爱我的女儿。

· 我深爱我的妻子。

· 我有运动员的经验（韧性、勇气、意志等等）。

· 我有猎人的技巧（耐心、镇定、善于观察、了解大自然等等）。

· 我自己的父亲是个良好的榜样。

· 我有一个充满好奇、务实又善于解决问题的头脑。

· 我有一颗同情心。

· 我愿意保护我所爱的人。

04

好父亲不孤单

所有的父母都会说养孩子多么不容易，但却没有人说过做父母是多么孤独。我从与无数父母的交流中了解到，那些孩子有障碍的父母有着非常强烈的孤独感，单亲父母也是如此。当自己的孩子面临困境时，所有的父母或多或少都会感到孤独。

在这些时刻，父母们的内心是艰难而冰冷的，他们对自己说：没有人想听你那悲伤的故事。坚强点儿。你得靠自己去应付。

他们也许会无情地拷问自己：你怎么能让这种事发生？好好想想吧，你是怎么当父母的？别人家的女儿都没有这种问题。

或许你也会在心里对自己说这些话或与之类似的话。

如果是这样，请无视它们，因为这些话并不是真的。内心纠结的父亲不止你一个，至少从长期来看不止你一个。不要相信"那个谁就是个完美爸爸"这种谎言，无论这里的"那个谁"是你的邻居、同事还是朋友，都不可能。完美的父亲是不存在的，你的女儿也并不需要一个完美的父亲。

请记住这一点：在养育女儿的道路上，你并不孤独。

每个爸爸都有需要鼓励和支持的时刻，就算最强壮的运动员也会疲倦。正如棒球比赛一样，父亲们需要置身于团队之中才能成功——你的妻子、孩子的老师、你自己的父母以及很多不同的人都可能成为你团队的成员。我很喜欢伍德罗·威尔逊（Woodrow Wilson）的一句话："我不仅尽力使用自己的头脑，还会尽力使用一切我能借到的头脑。"

你团队中的其他成员应该怎么做？

关于妻子。 正如圣母大学的校长赫斯波（Theodore Hesburgh）的那句名言所说："父亲能为孩子所做的最重要的事就是爱他们的母亲。"他认为，如果爸爸们想培养出健康的孩子，牢固的婚姻是最有效的条件之一。能与妻子共同努力是极大的助益。

即便你离了婚，如果在培养孩子方面你依然能与前妻做盟友（而不是敌人），孩子也会因此而得益。我知道在实际中，这没有那么容易做到。但我在前来向我咨询的父母身上，见证过体贴、尊重和富有建设性共识的长久影响。

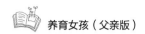

关于其他的父亲。你不妨与女儿朋友的爸爸们交朋友，这样一来，你们之间不可避免地会分享与各自女儿有关的故事，并从这种分享中学到东西。不同的父亲们在彼此交流过之后会成为更好、更贴心的父亲，这是我亲眼见过的。

关于辅助组织。许多地方都有旨在为年轻妈妈、单亲爸爸或特殊儿童的父母提供支持的辅助组织。在共同参加活动、分享育儿技巧的过程中，许多父母获得了友谊、指导和希望。他们会对彼此说："你也一样？看来并不是只有我才有这样的问题呀！"老话说得好，分享使快乐加倍，使悲伤锐减。

关于心理咨询和医疗人士。遇到较为棘手的情况时，你可以向受过专业训练的医疗人士寻求帮助。听从你内心的声音。如果你觉得"这太严重了，我需要专业人士的帮助"，那么你就应该尊重自己的感觉。

总之，你并不孤独。

* 好爸爸应该这样做 *

下面这两种方法能让你更清晰地认识到，你并不孤独：

1. 与你女儿好友的父亲交朋友。你们的友谊不仅能丰富你的生命，父亲间的交流还能为你带来宽慰和建议。

2. 与你自己的父亲交流或回忆与他相处的经历，想想如何把你父亲的智慧或教训用于培育你与女儿的关系上。

STRONG FATHERS, STRONG DAUGHTERS
DEVOTIONAL

第二章
————

成熟父爱的意义

05

把家庭作为首选项

对做父亲的人来说，将工作、个人爱好或其他琐碎的乐趣置于家庭之上是最致命的。你可能还记得史蒂文·斯皮尔伯格（Steven Spielberg）拍摄于 1991 年的电影《铁钩船长》。在这部电影中，罗宾·威廉姆斯（Robin Williams）扮演的是长大成人后的小飞侠彼得·潘，并成了一个对工作极为狂热的商人。当他与家人到伦敦度假时，他最近一单价值五亿美元的并购生意出现了失败的风险。

彼得拼命想挽救这单生意，他的妻子却抓起他的电话扔到了窗外的雪地里。这让他极为震惊和愤怒，直到妻子说出这些令人心碎的话：

彼得，孩子们爱你，他们想和你一起玩。你觉得这样的时光会有多久？很快杰克甚至都不愿再让你走近他的游戏！孩子们愿意跟我们待在一起的年头并不多，因此这几年格外有意义。过了这几年，你拼命想让他们注意你都难了。时日如飞啊，彼得。只是短短几年，很快就会结束，而你竟如此心不在焉。你正在失去这些时光！

女儿很快就不再需要你的关爱，而你对她需要你关爱的短暂时光竟然心不在焉——想到这一点是否会令你心惊？我不希望这样的事发生在任何父亲身上，你自己肯定也不希望。因此，请让我们一块思索一下家庭的意义。

所谓首选项，就是我们最珍视的事情、活动或关系。那么男人如何得知自己最珍视的是什么呢？

以下这些诊断性的问题能帮助你确定自己的首选项：

什么东西能持久地吸引我？当你无须从事强制性的活动时，你的心思会转向哪里？事实上，我们总是倾向于挂念和幻想我们最关心的事。

我最喜欢谈论什么？记住，聊天本身没什么，但你偏爱的话题很重要。谁都能滔滔不绝地说上一阵子，但什么话题是你一谈再谈的？你经常在社交媒体上转发哪类帖子？

我对什么最有热情？你在什么情况下最容易激动？什么最能振奋你、激励你，甚至让你感动到落泪？

我最愿意把钱花在哪一方面——甚至眼睛都不眨一下？财产是必需品，但业余爱好则是出于乐趣。我们都需要不同方式的娱乐，但如果你很乐意花大把的钱参加狩猎训练营或"男人天地（man cave）"之类的活动，却不愿花钱与女儿或家人一起活动，这说明什么？

我的时间都去哪儿了？对这个问题的回答或许最能说明你的首选项，我们通常会挤出时间做对我们而言最有意义的事。

你是否感到内心不安？这些问题并不好回答，可能会让心理脆弱者有点儿难以接受。事实上，多数人面对这些问题时心中都会有些不安。

我提出这些问题并不是为了打击你，而是为了帮助你对自己做出评价。西格蒙德·弗洛伊德（Sigmund Freud）曾说："对自己完全坦白是一种良好的锻炼。"当然，这并不总是很有趣，但的确有益。

既然你选择阅读这本书，那么你很可能希望把女儿和家庭作为自己的首选项。如果你坦诚地做过自我评价之后，发现女儿和家庭居然不是你的首选项，那么好消息是，你今天就能重新把这些当成首选项。

在《强爸爸 好女儿》中，我解释了花时间陪伴女儿的重要性："从你女儿刚出生的那一刻起，直到她离家独立生活，时钟一直在转动。只有在这段时间里，你才能陪伴她、影响她、塑造她，帮助她发现自我并享受生命。"

女儿最希望从你这里得到的是时间。没有什么比你愿意花时间陪

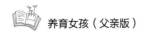

伴女儿更能表达你对家庭的重视，没有什么比爸爸愿意陪伴自己更能让一个女孩感到自己被珍视。请让女儿明白你真的很愿意陪伴她。如果能让女儿知道你日常的一切活动——无论是做家务、外出办杂事还是散步——都希望有她陪伴，也希望她偶尔能到你的办公室拜访一下，那么她就会感到自己备受珍惜。

你不能再继续当一个只顾着工作，无暇照顾孩子的父亲了。这样的爸爸只是名义上的，并非真正的爸爸。请别在你某天回顾自己过去的岁月时说："假如我当时多陪陪孩子……"或悲哀地问："时间怎么过得这么快？"

＊好爸爸应该这样做＊

与女儿约定一个日期，问问她有什么想做的活动（当然得是合理的活动），然后留出一个晚上或周末好好陪伴她。在陪伴她时，不要同时在手机上查看球赛比分或与别人打电话，而要一心一意，全心投入。

如果女儿年龄很小，想玩过家家，请陪着她；如果她想吃口味糟糕的披萨或与一帮尖叫不已的孩子玩游戏，请陪着她；如果她年龄大一点儿，想吃一餐价格昂贵的寿司，请陪她去吃；如果她想开三个小时的车去看一场她喜欢的男团演唱会，请尽量实现她的心愿。

问她一些问题、与她交谈、倾听她，偶尔犯傻也没关系。听她爱听的歌，与她一起唱；给她讲讲你过去经历的事；一起做开心的事。

没有什么能比你愿意主动花时间陪女儿，更能传达"你对我珍贵而重要，你是我的头等大事"这样的讯息了。

06

赋予女儿真正的爱

在长达三十年的行医与育儿生涯中，我见过形形色色的父亲。那些与女儿疏远的父亲，部分出于内疚和无知，往往会给女儿买很多昂贵的礼物。我也见过那些把让女儿充分享受文化和社会优势当作头等大事的父亲，与那些无情逼迫女儿在学业或运动上取得优异成绩的父母也有过交流（这类父母往往会迅速回应我："我们这可是为她好啊。"），还见过那些严守道德信条的父母。当女儿没有表现得像个"好女孩"或偶尔违反了家里的规矩时，这类父母会对女儿冷漠以待。当然，我们也见过那些似乎仍活在哥们儿情谊浓厚的大学时代的"疯狂老爸"。

我每年会接待数以千计的女孩和年轻女性，她们的话语着实令人心碎。她们一直在对我说，她们最看重的并不是爸爸是否会给她们买礼物，也不是爸爸是否足够"成熟"、充满事业心或者"炫酷风趣"。她们真正希望和需要的是爸爸无条件地爱自己。

我的父亲是个聪明而内敛的人，我很感谢他留给我的宝贵馈赠。作为一名成功的病理学家，他也有照顾不到我的时候，有很多次，他都没能来观看我参加的体育活动。他的话不多，很多时候也不认真听我说话。那么，我如何知道他爱我呢？我之前曾这样描写过他："我听到过他向母亲表达对我的担忧，当我和弟弟离开家去上大学时，我看到过他哭泣……我知道他爱我，当他带全家人外出度假时，尽管多数时候我都很讨厌出门（尤其是处于青春期的时候），但他总会设法让我跟着一起去。有些事我不知道，但他懂得。他知道我们一家人需要团聚的时间。"在父亲爱女儿的方式上，我愿意从女性的角度提四个简短的建议：

爱是一种承诺，而不是一种感觉。在养育女儿的过程中，你会遇到很多神奇而宝贵的时刻。有时可能你仅仅注视着女儿，心中的爱意就会浓烈到几乎要将心脏撑破。但真正的爱是牺牲，而不仅是一种感觉。一位好爸爸不应仅在被触动心弦的时候才展现对女儿的爱。他会主动为女儿换掉脏尿布，会接替妻子为生病的孩子守夜，会在很长时间内将自己的爱好搁置一旁，只为花更多时间陪伴自己的孩子。当他想对孩子大吼大叫时，依然能克制住自己，耐心而温和地对待孩子。他甚至对自己那在青春期离家出走的女儿也不离不弃，哪怕她咒骂、唾弃他。

爱是英勇壮举，而不是高尚的言辞。 男人是善于行动的，优秀的父亲每天醒来时，都应有把家庭置于一切之上的决心，因为他们知道爱的意义是无私，是奉献，哪怕在一些小事上先人后己也是爱的表现。这样的爱足以改变一个人的生命。正如芝加哥熊队的前球员盖尔·塞尔（Gale Sayers）所说："神为首，友次之，余居末。"

爱是严格的。 女儿们都知道如何用自己的小手段将父亲玩弄于股掌之上。

面对女儿闪动的睫毛，可爱的微笑和可怜兮兮的"老爸，我能……吗？"的恳求，就算坚如钢铁的男子汉也会心软顺服。但当女儿试图打破你定下的规矩时，你需要站稳脚跟，保持理智。

父亲们要把握好这种严格的爱，不可使自己的坚定变为冷酷，也不可放任满足女儿的一切要求。真正的爱是严格的，坦白说，对女儿的过分溺爱并不是爱。

爱是仁慈的。 正如你需要把握好坚定与冷酷的平衡一样，你也需要把握好严格要求与吹毛求疵的平衡。要有大智慧，同时要仁慈，留心于真正重要的事情，凭借爱为女儿立下有益于她将来发展的规矩。因为正如作家薇拉·凯瑟（Willa Cather）所说："何处有爱，何处就有奇迹。"

哪个爸爸不希望在女儿身上、在父女关系上看到奇迹呢？

* 好爸爸应该这样做 *

以下是一些建议：

• 开车到乡下，与女儿一起采摘野花。

• 关掉手机，与女儿玩一会儿桌面游戏。

• 带女儿出去就餐，让她自己选择餐馆。

• 与女儿玩纸牌游戏。

• 把电视挪出女儿的房间，邀请她与你的妻子一起外出看一场经典电影。

• 观看女儿跳舞或啦啦队表演，并对她表达鼓励。

• 带女儿一起去公园喂鸭子。

• 带女儿看一场电影，然后找个地方聊聊这部电影。

• 规划一下自己的日程，好抽时间去参加女儿的下一场运动会或朗诵会。

• 为女儿立下明确的规矩，告诉她违反这些规矩会有什么后果。

• 创建一个父女读书俱乐部，从文学作品中找一些人物供女儿思考。作为开始，我向你推荐一本她可能会喜欢的书：《飘》。

• 取消你的周末活动，带女儿一起去某个她向往的地方旅行。

• 义务担任女儿所在的运动队的教练。

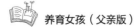

• 用原本看电视的时间帮女儿完成家庭作业。

• 与女儿一起完成她不愿做的家务，设法让整个过程充满乐趣，看看你能否逗笑她。

• 如果你刚好擅长某种女儿很想学的技艺，请教她（例如弹吉他或打高尔夫球）。

• 与你的妻子谈谈女儿的教育问题。想想在哪些事情上你可能已经被女儿所"利用"。思索一下这些问题：你们什么时候需要对女儿更严格一点儿？哪些地方需要以更为坚定、严格的爱来对待女儿？

07

做一个正直的男人

　　最优秀、最坚毅的爸爸应该是个刚正不阿、值得信任的男人。男人的正直是品格的彰显，这说明他们的公众生活与私生活是一致的。正如那句老话所说，品格就是你在无人注视时的行为。

　　这对所有人都是一项考验，尤其是对于有义务在一切事上都为子女做出榜样的父亲们。肯·宝拉博士（Dr. KenBoa）也探讨过这一问题，他指出："或许最能描述正直的词是'始终如一'。我们的内心与外在行为必须一致。"换句话说，你的言行必须一致。

　　在《强爸爸 好女儿》一书中，我向爸爸们提出一项挑战：请他们想象一下在女儿的婚礼上挽着她走过红毯，将她送到她丈夫手上的情景。我写道："毫无疑问，红毯那一头的男人将反映出你的品格——和你一

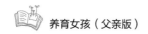

样好或一样坏。因为女人总会被她们熟悉的东西所吸引。"

在所有论及男人正直品格的论据中，这一点或许最能打动关心女儿的父亲。女儿会观察父亲，你的一言一行她都看在眼中，并会在心中琢磨，这就是你无法冒险做双面人的原因。你不能心怀侥幸走捷径——一边有见不得人的行为，一边又试图遮盖它，因为你的女儿最终还是会发现。而且这么做的后果是，当女儿的追求者上门求婚时，她也会欣然接受品行不怎么好的男人。

我想明确指出的是，品格正直并不意味着无可挑剔。没有百分之百言行一致的人，但品格正直的男人一定会为自己的过错和失败承担责任。这意味着你需要谦卑地承认自己的过失，为自己对别人的冒犯而道歉，寻求他人原谅，并努力重建他人对你的信任。

你的女儿要先知道什么是好男人，然后才能找到好男人，所以你应以自己的正直为她树立榜样，以高标准要求自己，做一个正直诚恳的人。如果你品行不好，那你可要小心了——对女儿来说，你的身教胜于言教。

请致力于赢得女儿对你的信任和尊重，在自己生活的各个方面都融入信仰和德行，坚定地做一个正直的男人。

＊好爸爸应该这样做＊

你可按这两种有效的方法来培育自己的正直品格：

1. 当你阅读本节内容时，想想自己是否有需要女儿（或妻子和他人）原谅的地方，你也许和他们失约或发过火。请以谦卑的态度去修复你们的关系。

2. 安排时间与你周围的人探讨一下与正直相关的话题。

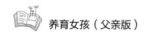

08

成为女儿的榜样

孩子们需要言语的教导，但他们更需要亲身经验。仅仅向你六岁大的女儿解释她该如何清洗自己的小鱼缸是不够的，你还需要亲自演示给她看，甚至需要多演示几次。之后请她协助你清洗鱼缸，最后才能让她独立完成这项任务。

不闻不若闻之，闻之不若见之，见之不若知之，知之不若行之。好爸爸们知道行为、经验和以身作则的重要性。

如果你希望女儿勤奋努力，那你首先应该在工作中表现得勤勉，并利用日常活动——例如洗车或清洁厨房——来展现你的勤快，而不应懒散怠惰。

你希望女儿成为一个有同情心的人吗？那么请让她看到你对朋友或

不礼貌的邻居所表现出的善意和关切。请带她探望你住院的朋友或敬老院的老人。

你希望女儿成为一个真诚的人吗？那么请你自己先成为一个真诚的人，并在与人交往时表现出你对诚实的尊重。

你希望女儿成为一个勇敢的人吗？那么在面对困难时，你自己先要勇敢坚强。你怎么解决问题，你的女儿也会照着你的样子去解决问题，她会从你身上学到面对困境的方法。

我们的孩子都是模仿者，他们不仅会模仿我们的品行，对与错、好与坏的概念也都是从我们这里得来的。

尽管你的话语也很重要，但在生活的各个方面，你的行为对女儿的影响更为深远。一个真诚而谦卑的举动——例如为自己随地吐痰的行为真诚道歉，或毫无怨言地去完成一个枯燥的任务——比一百个小小的"座谈会"更能教会女儿什么是谦卑。

你为女儿传达了什么？孩子小小的眼睛会观察，小小的耳朵会倾听，小小的脑袋会思考，一个好爸爸对此会十分留意。

所有爸爸都应该牢记这一点：你的生活方式对女儿的生活方式有着巨大的影响。

* 好爸爸应该这样做 *

花一个小时时间陪你的女儿做点儿事，做什么并不重要。你们可以一起做家务、做作业、读书、逛街、玩捉迷藏、办点儿杂事、练习开车、打网球等等。

当你陪伴女儿的时候，也许会遇到一些意想不到的事。生命中充满意外，而你必须做出抉择。

如果……	你可以表现出……	或者是……
她说个不停	兴趣	无聊
她忽然哭泣	温柔与同情	冷漠
交通拥堵	耐心	不耐烦
她粗鲁无礼	爱与理解	发脾气
她极度调皮	从容	沮丧
她想放弃	鼓励	责备
她向你吐露重要的心事	仁慈与接纳	震惊和否定
她撞坏了车	温和	愤怒
她一整天都运气不佳	沉着	焦虑

　　养成这样的习惯：时时提醒自己，女儿任何时候都在注视着你的举动，应谨言慎行。你也许做不到完美，但始终要努力，万一你搞砸了，不妨再试一次。

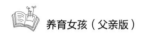

09

为女儿筹划未来

父亲们所做的最糟糕的事情之一——而绝大多数父亲都会犯这样的错误——就是立即回应孩子的行为。的确，孩子们期待得到父母的回应，但优秀的爸爸不仅会回应孩子的行为，还会引导孩子的行为，而引导是需要规划的。

优秀的爸爸也是聪明的爸爸，他明白"一分预防等于十分治疗"的含义。但在女儿面临困境时，大多数父亲都无法起到足够积极的作用，也无法为女儿提供她所需要的指导和榜样。

我并不是说这些父亲没有诚意，他们对自己的女儿爱得深沉，只是没有正确把握重点。在工作中他们果敢善断，但在家庭中，他们不但没能为女儿树立起领导榜样，反而怠惰得出奇。这种普遍的怠惰可能有很多种原因，多数爸爸在一天的工作结束之后都十分疲惫，回到家的"城堡"之后便什么也不想干了。

他们也完全可以为自己开脱："成长的部分意义就是试着去发现自己的道路。我的女儿既聪明又有能力，而且当她真正需要我的时候，我自然会帮她。"

问题是，当她真正需要你的帮助时，往往为时已晚。的确，你无法把女儿生活的方方面面都安排妥当，但花点儿时间预先筹划能带来长远的利益。

没有人会不做任何计划，随波逐流地度日，因为我们知道自己需要制定规划、分清主次，并为未来打算。

举例来说，我们常常会认真预备自己的退休；有些人至少每年都会听取一次理财顾问的建议；我们时常为我们的汽车做维护保养，在长途旅行前更是如此；我们每年至少都会看一次牙医，甚至是两次，以进行常规的口腔检查；猎人在狩猎季开始前会花上几个月的时间了解自己的瞭望地、藏身处及宿营地，同时会检查测试自己的猎枪，并熟悉最新的野生动物保护法规。

在养育女儿的过程中，聪明的爸爸也会以同样的心态去事先筹划。在女儿还不会走路时，你就知道该在家里采取某些婴儿保护措施，以免她受到意外伤害；当她逐渐长大，你的生活经验同样能帮助到她。不要因为疲惫（"我太累了，除了看电视什么都不想做"）或恐惧（"我不知道该如何与女儿交流"）就对女儿隐藏你的智慧，她需要你的指引。所以，你应该制定一个规划。

留意。 留意女儿在不同成长阶段的需求、弱点和长处，思考一下按她现在的发展趋势，她未来的方向会在哪里。同时，也别忘了反省一下自己的生活：你是愿意做一个怠惰的爸爸，除了努力工作就是在家看电视呢，还是想积极地为女儿提供建议、指导并与她交流？

制定一个规划。 与妻子共同商量，谈谈女儿目前所处的发展阶段、她将来的愿望以及你们该如何实现她的愿望。或许你现在需要的计划很简单，就是设法多花点儿时间陪女儿。确保你的计划足够灵活，因为生活充满了意外，你一定要确保计划有效并坚持按计划实施。

付诸行动。 当你知道自己所处的位置和前进方向时，就会更加笃定。父母养育自己的孩子既是责任，也是义务。如果做爸爸的逃避责任，他最后往往会摇头叹息说："怎么会发生这种事？"之所以会发生这种事，或许就是因为你对女儿疏于管教。

我很喜欢我那些在"真男人培训课程"（Authentic Manhood）工作的友人的话："真男人拒绝怠惰，承担责任，放胆领导，投资于永恒。"请成为这样的男人吧：善于规划、未雨绸缪、准备充足——做一个有前瞻性的男人也是作为好父亲的一部分。

10

保持家庭和睦

　　人际冲突会令人沮丧，但只要是有人的地方——无论是夫妻还是父女之间——总会有关系紧张的时候。不论在什么情况下，不同的人总有不同的价值观、不同的愿望和不同的利益，我们的交流又充满着误传和误解，没表达清楚或没理解是常有的事。

　　经验告诉我们，面对人际冲突，人类有三种典型的反应：逃避、争吵和冷却。有些人一遇到麻烦就会赶紧退缩，他们会选择逃避，要么是身体上的退让，要么是情感上的逃遁。有些人会选择发动攻击，把人际冲突视为对自己的侮辱，甚至不惜为此斗个你死我活。还有些人在情绪激动时会感到心智瘫痪，他们也不知道自己该做什么，于是干脆什么也不做。当然，这三种方式都无助于问题的解决，只能拖延或恶化问题。尽管人际冲突在生活中不可避免，但它不值得我们为之牺牲自己的全部生活。聪明的父亲会懂得：女儿希望他做一个令家庭生活和睦的人。

希伯来语中"平安"一词所包含的意义之丰富令人吃惊，有"完整""健康""安全""富有"等意义，传达的是一种幸福、友爱、和谐的状态。

我们如何达到这一状态？你该如何成为一个拥有和睦之家的男人？请致力于以下方面：

应对而不是逃避紧张关系。别故意对"房间里的大象"视而不见，要有直面冲突的勇气。如果你能坚定地投身于冲突之中的话，你的女儿就会感到你很在意她，愿意倾听她、保护她。

采取健康而有建设性的方式。唇枪舌剑往往是带有破坏性的，遗憾的是，我们都对它太熟悉了。其实，我们还可以采用更具建设性的方式来解决冲突，这种方式能让你与女儿的关系更深厚、更牢固。以下是一些具体建议：

- 暂停一下。问问自己：我现在情绪是否过于激动，以至于无法冷静、理性地与女儿交流？如果是这样，请双方都冷静一下，但要约定一个你和女儿重新交流的时间，不要把未解决的冲突留过夜。

- 反观内心。谦卑地反省，思索一下，是否正是自己错误的态度或行为导致了目前的冲突。

- 努力恢复关系。永远不应把赢得争辩或"得理"作为目标，而应把赢得女儿的心，取得和解作为目标。

- 话语柔和。不管遇到什么事，都不要对女儿吼叫，这只会激化矛盾。我在我的博客里曾经写过："屈服于父母的孩子更容易出现抑郁和行为问题……恶言伤人甚深——尤其是父母对孩子说的恶言恶语——不论孩子是六岁还是六十六岁。有些育儿专家说，孩子之所以对父母的吼叫无动于衷，是因为他们已经对父母关上了心门。我完全不同意这种观点。孩子们听得到，他们装出听不到的样子，因为他们不知道该如何应对自己受到的伤害。"

说真话。不要为了一时的和睦而不惜一切代价。闭口不言似乎是创造和谐的有效方法，但从长远来看，在你真正需要开口时却选择沉默是有害的。在《强爸爸　好女儿》中，我讲述过艾丽卡的故事。艾丽卡被一个名叫杰克的老男人迷得神魂颠倒，当艾丽卡的父亲第一次见到杰克时，就立刻感到事情不妙。他保护女儿的本能告诉他，这个女儿的追求者在某些地方不太对劲。出于对女儿的担心，这位父亲温和但坚定地告诉女儿，她应该取消和那个男人的婚礼。这让艾丽卡暴怒不已，甚至要求父亲立刻离开她的公寓。但就在婚礼前的两周，艾丽卡终于得知了杰克的真面目——他有过三个妻子，而且还有犯罪记录。你猜艾丽卡第一个打电话给谁了？正是那因爱她而劝她取消婚礼的人——她勇敢的父亲！于是父女两人转而去对抗杰克。最终，艾丽卡取消了与杰克的婚礼，也避免了一场厄运。艾丽卡的父亲完全可以对女儿不闻不问，但好爸爸不会这么做。面对艰难的境地，他们不会选择逃避，而会积极应对。不要因害怕女儿与你争吵或不理你就什么都由着女儿，维系和睦关系的人会凭借爱而说真话。

不必过于追求结果。真正的和睦关系需要双方共同维护。你可以主动伸出橄榄枝，但无法迫使女儿（或任何人）喜欢你所说的话。无论你做出多少努力，都无法保证女儿一定会接受你，恢复与你的和谐关系。

＊好爸爸应该这样做＊

　　请再温习一遍本节阐述的和睦原则，然后带女儿去吃冰淇淋或喝杯咖啡，与她分享一下这些原则，问问她觉得你和家人在这些方面做得怎么样（如果她说的实话让你觉得不太舒服，不要与她争执）。如果你们最近有什么还未解决的矛盾，请选择直视"房间里的大象"，以理性、尊重又有建设性的方式讨论一下你们的矛盾。

STRONG FATHERS, STRONG DAUGHTERS
DEVOTIONAL

第三章

————

好父亲的品格

11

具有同情心

　　我从没想过身为儿科医生的我，居然有一天会为美国国家橄榄球联盟（NFL）的球员们提供咨询服务，教他们如何成为更好的爸爸。

　　当我第一次收到这个邀请时，我婉言谢绝了。我能跟他们说什么呢？我觉得他们最不想见到的就是像我这样的"祖母级"儿科医生。我当时想，他们或许对男性更能敞开心扉地交流，比如一位能理解他们的退役运动员。

　　但是我错了。绝大多数参与国家橄榄球队父亲计划（NFL Fatherhood Initiative）的球员与比他们年长的女性交流起来都极为顺畅，这是因为很多球员在成长过程中与母亲、祖母和阿姨们的交流比较多。在他们的幼年生活中，父亲般的角色几乎从未出现过（尽管他们对父亲

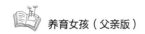

的关心极为渴求）。

我最开始采访了二十位球员，他们令人动容地表达了作为父亲的内心挣扎和不安。这很大程度上是由于他们在自己的生命早期缺少一个堪为榜样的好父亲，他们不知道身为父亲应该如何在家中处事。这些球员的另一个特征是，他们在童年时都遭受过巨大的心理创伤，当谈论起自己从没见过的父亲时，他们往往泣不成声。

我之所以会提起这件事，是因为我觉得多数父亲都意识不到自己的存在对孩子的一生有多么重大的影响。你的在场或不在场、关切或冷漠、同情或苛刻，都会在女儿身上显现出来，你总会以这样或那样的方式在女儿的生命中留下不可磨灭的印记。

身为父亲，你是第一个深刻将男性的爱、同情和善良（或冷漠、愤怒和残酷）带给她的人。在女儿的余生中，每次与男人打交道，她都会以与你的交流为标准去衡量。

好消息是，如果女儿从小就信任你，那么长大后她选择伴侣时也会找值得信任的男人。如果她从你这里的得到的始终是伤害，那么她在面对男人时就会感到羞怯不安，甚至会有意逃避男人。千万别让这种事发生。

即使你以往在这方面相当失败，也不要绝望。我曾见过很多父亲、继父和祖父凭借着爱、同情和关切令女孩获得新生。

有哪些方式可以让父亲培养这种同情心呢？

推己及人。回想一下自己的童年和少年时代。回想当年自己带着牙箍时的感觉，搬到一个新地方或心爱的宠物死掉时的感受，感到孤立无助、太笨、太丑或太腼腆时的感受，以及自己满脸青春痘、没能加入运动队、遭遇朋友背叛、被女朋友甩了的感受。回想一下只需一个任意球就能打成平局、延长比赛，而你竟然失手了；你明明认真复习了，却考得一塌糊涂，没考上你理想的大学……这些回忆会激发你对女儿前所未有的同情之心，因为她遇到的事，正是你当年经历过的。

付诸行动。每天你都能碰上培育和表达同情的新机会，比如：

- 当女儿很怕黑的时候，耐心对待她（不要对她不耐烦）。

- 当女儿感到难过时，分担她的悲伤。

- 当女儿不小心摔倒并伤到自己时，蹲下来安慰她。

- 当女儿紧张地谈论生活中遇到的困境时，认真倾听她（哪怕你觉得她所说的微不足道）。

- 当女儿说"我很丑""没有男孩喜欢我"或"所有的朋友都取笑我"之类的话时，请给她一个拥抱。

- 当女儿没有完成目标时及时安慰她。

- 当女儿在大型体育比赛中出现明显失误时，克制住自己，不要责骂她。

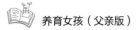

＊好爸爸应该这样做＊

教女儿认识同情的重要性，并在这方面为她做出榜样。看看你们所在的社区或周边的救助机构是否有需要帮助的人。你可以和女儿一起为他们送一顿饭，或给他们一点儿钱（装在信封里，悄悄放在一个他们一定能发现的地方）。

12

知足

在《强爸爸 好女儿》一书中，我探讨了一个困扰着绝大多数北美家庭的顽症——对物质的贪求。"当然，男人从上学的第一天起就被教育要以事业为重，多数男人衡量自己成功甚至是幸福的标准就是金钱。我们都倾向于相信钱越多我们就越幸福。因此，许多男人考虑问题时会首先从利益出发：物质收获、事业进展、更多银行存款、更漂亮的妻子等等。但贪求永远不会带来幸福，只会令我们对已有的东西心生不满。"

为什么我们对推销人员毫无抵抗力？我们为何会被荒唐的广告节目迷惑？我们只想走进一家店看看，却往往会不知不觉地买一大堆东西，信用卡账单上又多出了几百美元，是什么让我们如此着迷？什么时候我们才能明白，对"更多"的无尽追求并不能带来满足，只能带来永久的

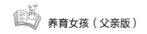

不满足？

在我的生命和事业中，我发现好父亲最重要的一个品格就是知足。

知足的人会将心思放在已有的东西上，并对自己说："这很丰裕。我所得的已经足够。"不知足的人却怀着贪求之心紧盯着一切他未得到之物："我想要这个、这个，还有这个……我想得到更多！"为了得到自己渴求的东西，他们无休无止地谋划、抢夺。有人曾问当年的世界首富约翰·D. 洛克菲勒（John D. Rockfeller）："多少钱算够？"他的回答是："只要再多一点点就够了。"

作为一个父亲，自我反省是有益的。你有多知足？你是否老想着如何才能赚更多钱？你是不是总沉浸于获取更多物质的白日梦中？你是否会贬低自己已有的财产——例如总说自己的房子很"小"，汽车"又老又破"？你会不会时时同别人谈论你想要的旅行或想得到的物品？

如果你的女儿看到你始终在争取更多利益而不是踏实努力地把工作做好，她也会逐渐接受"更多就是更好""更多就是更幸福"的扭曲观念。你的行为会告诉她：人生的成就在于获得更大的房子、更好的假期和更高的收入。你会教她对她所拥有的一切都感到不满，让她有意无意地认可这一谎言：只有源源不断的新车、更炫酷的数码装备和其他"优越生活"的标志（昂贵的首饰和最新的时装等等）才能令人满足。

我所知道的一个事实是：如果一味追求身外之物，我们是永远不会感到满足的。

那么我们如何才能获得满足呢？首先得认识到，我们"需要"的绝大多数东西只是我们"想要"的东西而已。如果我们能看清这一点，说出这一点，那么我们就能将自己的欲望置于真正重要的事情之下。我们不妨问问自己：从终极意义上看，哪个更重要——是人呢，还是各种物品？如果我一味追求物质，却失去了家庭、扭曲了灵魂，又有什么益处？

满足感来自对已拥有之物的认可。一个父亲如果能有"生活的意义不在于得到更多"和"适可而止"的心态，就能教女儿懂得生命的真正意义所在，这非常重要。如果一个父亲无法以诚恳、正直和谦卑来平衡自己的欲望，那么他很可能会培养出一个贪婪的女儿，更可怕的是，他的女儿可能会嫁给一个像他一样不知足的男人。

不要在工作、银行存款、网络或购物中求满足，而是要在家庭中求满足，学会珍惜拥有的东西。如果这对你而言是个重大难题，"反囤积挑战"或许对你有帮助：在一个月或半年内不再买任何新东西（当然，食物和个人护理用品除外）。这项挑战会改变你，我敢保证，也一定会让你更快乐。

* 好爸爸应该这样做 *

多关注一下贫困地区的人们，你会知道自己比他们富有得多。

与女儿一同散步时，同她谈谈所有令你心存感激的事物。列举一些此类事物并感恩生活。知足的心灵让我们更留心于我们已有的幸福，而不是我们未得到的东西。

13

拥有保护女儿的勇气

"9·11"恐怖袭击事件已成为美国人心中抹不去的烙印：19个极端恐怖分子，两架客机被劫持，死亡人数接近3000人，超过6000人受伤。据《纽约时报》估计，这起事件给美国造成了3.3万亿美元的损失。

这是灾难性的一天。但"9·11"事件并非只有丑陋与恐怖。在这个黑暗的时刻，依然有杰出勇气的光芒闪耀。

至今，当我观看当天宛如梦魇的录像片段时，依然会震惊地摇头叹息，全身起鸡皮疙瘩。视频录像显示了当人们纷纷逃出燃烧的建筑时，警察和消防队员冲进双子塔营救受困人员的画面。即使当第一座大楼倒塌之后，这些勇敢的人依然继续展开搜索，有超过400名警察和消防队员在营救行动中牺牲。

而当时联航 93 号航班上发生的事更是勇气的体现。一些普通乘客意识到恐怖分子的意图，他们英勇地冲进了驾驶舱，迫使劫机的恐怖分子改变了撞击国会山或白宫的原定路线。

幸运的是，我们中的多数人一生都不会遇到这样惊心动魄的生死抉择。然而，我们每天都能遇到至少一次令人紧张焦虑的情况，某些时刻，我们甚至充满恐惧。

这时候我们最需要的就是勇气。"一战"时期获得过荣誉勋章的美国王牌飞行员艾迪·里根贝克（Eddie Rickenbacker）说得好："勇气就是做你害怕的事。只有当你恐惧时，才能有勇气。"

每个优秀的爸爸都能理解这句话的含义。正直的爸爸们会告诉你，养育女儿是件令人紧张的事——即使在一帆风顺的日子里，你也总是要怀着保护她的心思，因此有女儿的爸爸们需要很多很多勇气。

遗憾的是，太多父母们都依恐惧而不是信念和力量行事。他们怕孩子不听他们的话，会不喜欢他们，甚至会离开他们。因此他们忍让、退缩，避免与孩子争执。这已经不是合理的自我防卫，而是逃避责任了，而逃避责任永远不会带来欢乐，最终只会带来困扰。

男人想要培养性格优秀的女儿，应该如何获得所需的意志、决心和勇气？

首先，你要勇敢地面对带给女儿不好影响的人、事、物。对你而言，这些可能是想利用你美丽纯洁的女儿满足自己性欲的男孩，可能是你女儿极其重视的同龄人，可能是扰乱女儿心智和意志的危险流行文化观念，可能是对你为女儿定下的严格规矩不屑一顾的其他家人，可能是你女儿变化无常的心境，也可能是你脑中各种矛盾的声音和困惑。

一位父亲要勇敢面对的事既多且难。为了女儿，你需要为这些事做好准备：

- 走进一个无监护人在场的派对，从狂饮的年轻人中把女儿拉出来。
- 与贬低你女儿的某位老师较量。
- 与女儿坦诚地谈论性的话题（及男人对性的看法）。
- 干预女儿的衣着——有时要禁止她穿某些服装。
- 与女儿推心置腹地谈谈那个对她很有兴趣的男孩（或让你感到莫名不安的女儿的追求者）。
- 拿走女儿的智能手机。
- 向其他父母解释，为何你的女儿不能跟他们的女儿一起去看某场电影或听某场演唱会。

当然，所有这些行为都会导致一定的后果。在某段时间内，女儿可能会对你很冷淡。但如果一个父亲不愿做出这些艰难的决定，那么等待

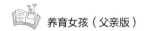

他的将是更严重的后果。

正如我在《强爸爸 好女儿》这本书中所写："在受到攻击时也要保持勇气。是的，你会受到各种攻击——来自朋友、流行心理学理论、电视节目、你的妻子和女儿。保持镇静，同时更要坚定不移。最优秀的男人往往同时具备慈爱、勇敢和坚韧的品格。"

你的女儿需要一个积极主动、不会被恐惧吓倒、有勇气迎向困难的父亲。

在 1905 年的总统就职仪式上，西奥多·罗斯福（Theodore Roosevelt）说过一段鼓舞人心的话，这句话也适用于父亲的责任："聪慧、勇气、刚毅、坚韧等品格不应只表现在危机时刻，还应体现于我们的日常事务上。"

＊好爸爸应该这样做＊

花一分钟的时间坦诚反省自己，然后写下所有让你感到紧张、焦虑或恐惧的事。以下是一些让父亲们心存惧意的常见事项：

· 独自对抗其他的家长。

如果你女儿所有朋友的父母都说"没问题"，而你感到有必要说"不"，你会怎么办？

· 坚定地执行已达成的规矩。

当女儿以离家出走、自残或伤害他人等理由来威胁你时，你会怎么办？

· 直截了当地指正女儿的行为。

当她一开始大发脾气，然后又拒不作声时，你该怎么办？

· 听到女儿对自己的问题给出尖锐的、令人不快的回答。

如果当你问她时，她回答说她确实受到了欺辱以及性、酒精和毒品的诱惑，你该怎么办？

以上所举的仅是一些例子，你或许还有其他一些"怎么办"。关键是认清它们，时刻拥有采取行动的信心。勇气就是即使你心颤腿抖，也依然会冒险去做正确的事。

14

发挥创造性

"创造？"提姆不屑地说，"根本不可能。我最缺乏的就是创造力，我没有从我们家族继承任何创造基因。我的妹妹凯伦才有创造力，她又会唱歌还会弹钢琴，上高中时就已经开始演戏了。现在她有自己的博客，甚至正在写一本书。我？我连形容词和动词都分不清。我是修水管的，我的工作是搞定漏水的管道和改装厕所。哈，我完全站在创造的对立面啊。"

多数人的观念跟提姆差不多：创造＝艺术。但遗憾的是，这对创造性是非常片面的理解。

每个人都具有创造性，水管工提姆的妹妹很显然拥有创造性，但他自己也不例外。提姆也许写不出精彩的博文，但他上个月在改造一所旧房子时提出将浴室挪到客厅，这个计划妙极了。无论是修水管还是写诗都能体现出创造性。儿科医生需要创造性（也拥有创造性），油漆工也完全一样。

所以每个父亲们都是具有创造性的。你是独一无二的，世界上没有完全与你相同的人，谁也没有与你相同的视角、背景、经验、个性或天赋。

你的女儿也是一样。从逻辑上说，你与女儿的关系也是独一无二的，与其他任何人的父女关系都不相同，也不应相同。虽然育儿有普遍的原则，但这些原则的具体应用却千差万别。

那么有哪些方式能让你在养育女儿时发挥出生命赋予你的创造性呢？在创造性方面，你的女儿又需要或希望从你那里获得什么呢？

教育中的创造性。父亲在家庭中担任着多种角色——物质提供者、保护者、主导者、修理工等等。教女儿懂得生命的意义是父亲的责任。优秀的老师会说，没有什么适合所有孩子的"教育秘诀"，教育需要创造性。有的孩子是听觉型学习者，有的孩子是视觉型学习者；一种教育方式对六岁的小女孩有效，却未必对十六岁的少女有效。当你将重要的道理或生活经验传授给女儿时，请发挥你的创造性，研究一下她独特的个性，并采取相应的教育方式。

娱乐中的创造性。如果你的家庭中有某些良好的家庭传统，请务必要珍视和实践它们，这是创建家族精神财富中一个非常重要的部分，但同时切忌故步自封。不妨与女儿一起尝试一些新东西，彼此分享经验对构建牢固的父女关系非常关键。不仅如此，你还需要走出自己的舒适圈，给自己一点儿自信和冒险精神。你永远不知道哪种乐趣会在女儿心中燃起新的热情，或让她发现自己以往未知的天赋，也许周末跟她一块外出骑马就会让你发现她对马术的热爱。

交流中的创造性。女儿什么时候与你交流最放松？是当你开车的时候，还是你们一块在庭院中荡秋千的时候，又或者是你在你们一起做某些事（例如清理落叶或打乒乓球）时？有些孩子可能在下午更喜欢聊天，另一些孩子则喜欢在睡觉前聊上一会儿。在某个年龄段，可能你直接问她问题她就会回应你，而当她再大一点儿时，她可能对你所举的生活中的例子有更好的回应。有创意的老爸会尝试不同的方法，如果一种策略行不通，就会换另外一种。

督责中的创造性。每个孩子都有自己的"喀琉斯之踵"，你的女儿有自己绝对不愿失去的东西，身为父亲的你有责任发现它。什么是你女儿的致命要害？这个东西不一定是物质。有些女孩可能最怕被校足球队或舞蹈队开除，因为这会让她极为难堪。有的女孩最怕无法使用iPad或智能手机，对体力劳动倒是一点儿都不介意。你应该设法找出那些最能触动你女儿的事物，当她难以管教时，可以借助这些手段来控制她。

* 好爸爸应该这样做 *

列出五到二十个你和女儿可以共同参与的独特趣事。例如：

• 潜水。

• 骑独轮车。

• 创建一门生意。

• 开车野外探索。

• 参加一场十公里长跑比赛。

• 合写一本书。

• 学习冲浪。

• 合写一首歌并录下来。

发挥你的创意时不要局限于这里列举的几个项目，想好后选择一个项目开始付诸行动。

15

保持忠诚

在《强爸爸 好女儿》一书中，我讲过艾莉森的故事。

艾莉森七年级时随父母搬家，转学之后的她如同掉入了"墨缸"，开始与一些不好的人厮混在一起。这导致她染上了酗酒和吸毒的恶习，而家庭的干预（包括要求她进戒疗中心）反而使局面更为糟糕。

艾莉森的父亲约翰做了件很不可思议的事：在戒疗计划开始前，把满心愤怒的女儿带到了一个孤岛上（我猜测约翰精心选择了这个岛以防艾莉森逃跑）。那个周末没发生什么事，父女俩也没怎么说话，多数时间只是一块开车、阅读、做煎饼。

回到家之后，艾莉森开始了由我主持的为期八个月的戒疗计划。她的情况开始逐渐改善，抑郁和愤怒慢慢消散。在整个高中期间，艾莉森与父亲的关系都不冷不热，但当她十八岁的时候，她与父亲的关系完全得到了改观。事实上，等到艾莉森大学毕业时，她的朋友们已经对她与父亲的关系嫉妒不已。

后来艾莉森曾来拜访过我。我问她，是什么让她有了如此大的转变？她想都没想就说起了那个与父亲一起待过的无名孤岛："那个周末，我认识到了他不可动摇的决心。当然，他很沮丧，但我意识到，无论我做什么，都无法把父亲推出我的生命。你简直无法相信得知这一点让我多么快乐！当然，当时我还不想告诉他。但我的改变就是因为这次孤岛之行，我真的觉得这拯救了我，因为当时我正走在自我毁灭的快车道上。"

我并不是说外出宿营是改善一切紧张父女关系的灵丹妙药（尽管我确实见证过它带来的诸多益处），但我鼓励更多的爸爸像约翰那样坚定不移，不管在什么情况下，依然坚持尽父亲的责任。

忠诚的人是你在遇到任何困难时都可以依靠的人。一个优秀的父亲应该：

对妻子忠心。一个优秀、有责任心的父亲会始终铭记自己的结婚誓词。在你给女儿的馈赠里，没有什么比为她树立一个对婚姻忠诚的榜样更为贵重。无数事例已经表明，不忠只能带来困扰和灾难。

对孩子忠心。你的女儿需要一个可以依靠的大山和避风港，她希望

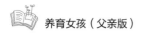

你能成为一个值得信任、会无条件爱她、随时随地都在的父亲——无论发生任何事。

对朋友忠心。一个优秀的父亲会教女儿懂得什么是忠诚的友谊：在必要的时候弥合彼此的差异，在朋友有难时给予帮助、享受友谊。你的女儿不可避免地会经历朋友背叛、友谊破裂，尤其是在青春期的时候。因此，你需要为她树立一个忠于友谊的好榜样。

* 好爸爸应该这样做 *

让忠诚成为一种习惯。以下是一些能巩固你与女儿关系的习惯：

• 在家时，每晚都把她抱到床上睡觉。如果她年龄较大，每晚临睡时都坐在她床边陪她聊五分钟。

• 每天都接她上下学（如果你的日程允许的话）。

• 尽量参加所有她参与的比赛或表演（但万一你错过了，也不要过于自责）。

• 当她冲你发脾气时，给她一个拥抱。

• 当她行为最乖张的时候，告诉她你依然爱她。

• 定期给她留言，写一些鼓励的话语。

• 每周攒下一些钱（根据自己的经济状况而定）当作她的教育基金。

• 当着女儿的面表扬你的妻子，告诉她你爱妻子的理由。

• 让女儿看到你依然与老友们保持着联系。

16

懂得宽容和原谅

小女孩就是小女孩，她们也许会不小心将饮料洒在键盘上，也许会在你为潜在投资者准备的企划书上画满花朵。遇到这种情况，你能说什么？你能做什么？毕竟她只是个孩子，她懂什么呢？

再来看看年龄较大的女孩吧，她们往往破坏力更强，而且行为并不总是那么"无辜"。拿娜塔莎为例，她五岁时就被父母遗弃，十五岁之前不停在不同的孤儿院间辗转。当她快"超龄"的时候（从孤儿院"毕业"进入社会，很可能会以卖淫为生），被一对美国夫妇收养了。

这称得上是一次拯救！突然之间，娜塔莎成了某个家庭中的一员。她拥有了一个家、慈爱的父母和可爱的兄弟姐妹，进入了很棒的学校。事实上，很少有孤儿能得到她所获得的东西：一个崭新的开始和对未来的希望。一切都好得令人难以置信。

而可怜的娜塔莎应付不了这突如其来的一切，她开始伙同一群游手好闲的人从她新父母家中偷东西。有一天晚上，她吸毒之后偷偷开走了继父的车并出了车祸，与她同在车内的毒贩受了重伤。那个毒贩刚二十二岁，而娜塔莎已经怀了他的孩子。

娜塔莎的继父克雷格是个好人，但他很难原谅女儿的行为。他说："我想不明白。我们倾尽全力想给她全新的生活。我是说，为了她，我们彻底调整了我们原本的生活。我们全心全意地爱她，她怎么能这么对我们呢？她怎么会犯这种错误？"然后他哽咽道："我知道我该原谅她，但说实话，我不信任她，一点儿也不信任。我不喜欢她给我家庭制造的那些麻烦。也许收养她完全是错误的？"

如果你是克雷格的朋友，不如简要地告诉他：女孩在成长的过程中难免犯错。

我们都会犯错——我敢打赌，你一定还记得很多自己童年时的愚蠢行为，对不对？当女儿遇到问题时，告诉她做什么本就是父亲的职责所在。如果她犯了错误，她是应该否认自己的行为，遮掩自己的过失，还是应该责备旁人？以上答案都不对。不管她犯的错误是大是小，她都应该学会为自己的行为承担责任。

为了让女儿从错误中汲取教训，在情感和心智上得到成长，她需要做三件事：

第一，承认自己的错误。有些女孩在这一点上没问题，但有些女孩却很难做到。如果你的女儿不愿承认错误，那么你要坚持说服她。这并不是一项可有可无的生活技能，而是一件必须要做的事。当她成年后，不可能总把自己当受害者，总是为自己的错误而责备旁人。

第二，道歉。每个女孩都需要学会（而且要学好）对她伤害或冒犯的人说"对不起"。这是父亲对女儿督责中的非常重要的一部分。

第三，放下已发生的事继续前行。我们有无限重新开始的机会，帮助女儿继续前行的最好方法之一，就是让她明白你已经原谅了她——免去她在精神上欠你的债。这并不意味着你应如患了失忆症一样，不再有任何伤痛的记忆，而是意味着你不再反复提起这些事，意味着你拒绝因这些事而记恨别人。

教会你的女儿懂得原谅的意义，当她把事情搞得一塌糊涂时，再给她一次机会。

17

慷慨付出

几年前，我读到了丹尼尔·戴（Daniel Day）的《赤足十日》（*Ten Days Without*）。这本书生动地描述了一个人想要做出改变的愿望，深深震撼了我，从此以后我对鞋子和外套的看法也与以往再不相同。

《赤足十日》讲述了丹尼尔给贫困儿童提供鞋子而做出的努力。为了更真切地体验贫困孩子的痛苦，他决定自己不穿鞋过十天，同时也发动自己的朋友为低收入家庭的儿童捐赠鞋子。后来丹尼尔又意识到：这些孩子们冬天也没有外套穿。

于是，在美国科罗拉多的一个严寒日子里，丹尼尔开始发起另一场为孩子们筹集外套的募捐活动。是的，为了唤起公众的注意，他接连十天都没有穿外套，只穿着一件长袖衬衣，默默地忍受着严寒。

当我就这段经历采访丹尼尔时，他的热情令我动容。在他生动地向我讲述他短暂的困厄时说："如果你曾在冬天赤着脚使用加油站的男厕所，你就再也不会觉得脚下的鞋是理所当然的。如果你曾经在冬天不穿外套开车送孩子上学，你就会感激外套给你带来的温暖。而之前，当你一天中很多次套上外套时，你想也不会想。"

不穿鞋子和外套对丹尼尔而言仅仅是个开始。

丹尼尔决定继续尝试其他临时性"牺牲"：从暂时放弃行走能力（由妻子用轮椅推着他到处走）、放弃语言能力、放弃使用电子设备，到不使用所有家具。

这些短暂的不便让丹尼尔懂得了他是多么富有。这些经历让他心中充满感激之情，也促使他变得更为慷慨。而慷慨是所有好父亲拥有的关键特质。

那么我们应该如何行事呢？父亲应该在这些方面慷慨付出：

时间。时间是你最宝贵的财富。你有时间陪妻子和女儿吗？你会花时间、创造时间、挤出时间陪你爱的人吗？在与家人共同进餐时，你会不停地看手表或手机吗？日程安排本身并不是坏事，但它却可能导致我们将更多时间花在旁人那里，从而沦为它的奴隶。

智慧与技能。从你出生的那天起就开始总结教训、获得智慧，不如把这些分享给你的女儿吧。将你成功与失败的经历讲给女儿听，慷慨地分享你的经验。

金钱和财产。 时常问问自己，这些暂时的财富能给你带来什么？

关爱的行为。 我希望父亲不要吝啬肢体语言以表达自己的爱意。当女儿面临困境时，拥抱对她有神奇的疗愈效果。当女孩进入青春期后，爸爸一般都会避免与女儿有什么肢体接触——这是大错特错的。青春期的女孩充满困惑和挣扎，她们比任何时候都更需要爸爸的拥抱。科学研究也表明，温馨的拥抱能让女孩有更好的表现。老爸们，慷慨地献出你的拥抱吧。

肯定的话语。 父母要挑孩子的毛病实在太容易了，希望他们能改正缺点也没什么不对。但与对孩子善意的批评相比，父母对孩子鼓励的话语应该多出四到五倍。努力发现女儿身上值得肯定的品质，当她有出色的表现时就尽情表扬她吧，平时评价她时也尽量大度一些。

* 好爸爸应该这样做 *

帮女儿组织一次旧货出售活动。这样一来，你将：

• 有时间陪伴女儿。

• 能处理掉很多阁楼、衣柜、车库和地下室的杂物。

• 获得一笔额外收入，可以将这笔钱捐给慈善机构或其他需要帮助的人。

• 把旧物留给真正需要的人。

• 体验到慷慨带来的喜悦。

18

温柔和蔼

　　瑞秋的爸爸是个牧师。如同很多成长于牧师家庭的孩子一样，她在宗教问题上会无可避免地遭到一些质疑，自然而然地，她自己也产生了很多疑惑，但又觉得无人可以诉说心事。

　　作为一个少女，瑞秋最渴望的一件事，就是不再为信仰问题而纠结。她很向往戏剧舞台，在高中时参加了学校的戏剧小组，这使她憧憬自由。她开始逐渐远离父母，并质疑他们的信仰。瑞秋父亲的反应是坚持让她更频繁地去教堂，她虽然表面顺从，内心却十分混乱。很快瑞秋变得焦躁而尖刻，教会生活的价值经常成为她与家人争执的话题。

　　从高中毕业进入大学之后，瑞秋总算觉得自由了，她开始了与以往不同的生活。她频繁参加派对，很少去上课（去的时候也是醉醺醺的），还遇到了一个海军陆战队士兵，这让她陷入了一段备受伤害的感情中。

瑞秋继续在这条黑暗而危险的道路上游荡了五年多，她的内心充满悲哀，知道自己急需改变，却又不知道该怎么办。她太倔强了，不愿向别人寻求帮助。那么，最后是什么使她发生了转变呢？

请听听她自己怎么说：

我的转变并非由于我的父亲，他只知道引用《圣经》教育我。他只要一这么做，我就会反驳他，结果又是一场争吵。促使我做出改变的是鲍勃叔叔，事实上他也是个牧师。有天他和妻子来我家做客，当然，他知道我不幸的生活，也知道我有多么焦躁。记得我们坐在沙发上时，他问了我一些问题。我本来以为他要对我布道，但他并没有。相反，他只是静静地听我说话，自己并没有说太多，我甚至根本不记得他说过什么，只记得他的态度十分温柔和蔼。我知道他不赞同我的生活方式，但他依然是那么……温柔。当跟他的谈话结束后，我的内心开始发生转变。我记得当我走出那扇门时，我在心里说："够了，我不想再继续这么活下去了。"

要知道，父亲和女儿在相处时态度要温柔。女孩们有时会发脾气、叛逆、无礼，当她们迷失方向时，知道如何最有效地伤害老爸。我见过年龄很小，但在这方面却堪称典范的女孩，也见过很多能把老爸说得无言以对的年轻姑娘。

聪明的爸爸应该从鲍勃叔叔那里获得启示。面对与女儿的紧张关系时，温柔的言语和冷静的应对方式是最佳之道。假设你的女儿十分焦虑，一门心思想跟你对抗，并已经做好了与你吵架的准备，这时和善温柔的言行最能让你掌控局面。就好像当一条怒气冲冲的狗追着汽车跑，汽车猛然停下来时，狗却会被吓一跳。

接下来该怎么办？当然是与女儿交流。但在交流之前，你需要先提醒自己一定要温柔、谨慎、有耐心，因为这才是明智之人的应对方式。鲍勃叔叔怎么对待瑞秋，你也应该怎样对待自己的女儿——凭借安静却坚如磐石的力量以及温柔明智的言行。

* 好爸爸应该这样做 *

如果你一向对女儿很粗暴，一定要恳求女儿的宽恕，告诉她你决心成为一个更慈爱、更温柔的父亲。

鼓起勇气请她帮你完成这份"温柔度评估表"：

当我做了让老爸不高兴的事时，他的反应是这样的（把所有符合的项目圈起来）：

声调会提高	脸因发怒而变红	变得很安静
摆出生气的表情	对我吼叫	开始对我说教
不听我说话	摔东西	说难听的话
告诉我他爱我	问我问题	开始与我争辩
对我扮鬼脸	尖酸地讽刺我	提醒我注意后果
威胁我	让我觉得自己很笨	低声咕哝
骂我	谨慎地说话	冷静地跟我说话
温柔和蔼	说话很慢	看起来厌恶我

问问你的女儿：当我们发生冲突时，你希望我如何回应你？

19

拥有坚定的意志

坚毅和有韧性的品格是优秀父亲不可或缺的，他会向别人传达这样的信息："我不会放弃。我会默默忍受。不论有多么艰难，我都会坚持实现目标。"你有必要向女儿展示这种品格。

父亲在试图培养女儿优秀的品质时，通常会为她们划定界限。但良好的计划只是这一行动的一部分——事实上可能只占15%，真正的考验在于如何在日常生活中将制定的计划付诸实施。行动需要的不是天赋，而是坚持不懈的毅力。

父亲的坚毅会督促女儿在成长过程中不走弯路。为什么很多父亲在工作或跑步时能严格遵循计划，在家庭中却很容易屈服？因为当疲惫不堪的老爸回到家中，他面对的是叛逆、会算计而且过于偏执的女儿。我见过八岁大的女孩如何通过哭闹、抱怨、恳求，最终逼迫老爸乖乖让步，爸爸只好说："得了得了，怎么都行。"

虽然这完全可以理解，但却不可接受。男人不应该把自己最佳的状态和全部精力都投入到工作中，却把剩下的渣滓留给家人。正如我在《强爸爸 好女儿》中所说："如果父亲们能把在工作上所付出精力（包括情感专注）的20%用于维护家庭关系，美国的面貌将大为不同。"爸爸们，你的家庭需要你的坚定，当女儿用各种激烈手段挑战你时，往往也是她最需要你坚定自己信念的时候。

我这可不是危言耸听，你的稍一疏忽，就可能令女儿滑入麻烦之中。假如你为女儿规定了她可以与哪些人来往，九十九次你都用心监督她，只有第一百次疏忽了也是相当危险的。你一刻都不能松懈，不能降低或放松对她的要求。意志坚定意味着始终坚韧，而非一时的心血来潮。

爸爸可能会觉得，放松对女儿的管教有利于你们关系的融洽，那是你不了解女孩们私下的想法和谈话。相信我，这么做只会适得其反。如果你不屈服的话，女儿会更尊重你，当你不再坚持的那一刻，你也在女儿心中瞬间失去了威严。

从我的个人经验和与不同年龄女孩的交流中得知：虽然女儿表面上会夸张地抱怨自己的老爸是多么严格，但她们在心里对此是欣然接受的

（那些父亲对自己不闻不问女孩甚至会为此感到嫉妒）。为何如此？因为当父亲为了女儿的利益而坚定地维护应有的规矩和界限时，女儿会感受到他的爱与关切。

如果你只是在女儿面前坚持一小会儿，或许还不会感到那么耗费心力。但当她开始独立生活之前，你有十八年的时光要坚持，虽然态度要始终温柔，却一刻都不能妥协。

我要事先警告你：女儿会用上她所有的伎俩逼你屈服：哭闹、恳求、唠叨、发火、算计、各个击破（试图拉拢妈妈对抗你）、耍小聪明、说她讨厌你，甚至对你破口大骂。而你必须做到不为所动，展示真正的坚毅，因为你比她的目光透彻——你知道当一个十六岁的男孩看到一个穿泳装的女孩时脑子里在想什么；你也知道哪怕只喝一杯酒，也会严重影响一个十七岁女孩的自控能力。指引女儿是父亲的职责，而好的向导始终会保持警醒，引领正确的方向，哪怕脚下的路坎坷难行。

在与女儿打交道时，你要在生活的各个方面展现出坚毅的品格。如果你在艰辛的工作中、紧张的婚姻关系里、友谊中、照顾父母时都能始终保持坚韧不拔的精神——尤其是这么做需要付出高昂代价时——女儿就会向你学习如何坚定地面对自己的生活。你为自己的宝贝女儿树立的榜样是无价的。

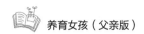

＊好爸爸应该这样做＊

根据女儿的年龄，找一项能锻炼你们的意志和决心的活动，例如准备并参加一场五公里的长跑比赛，经营一项小生意，学习一门新的乐器或语言。

不论你们选择的活动是什么，都将为你陪伴女儿、发现她所具有的天赋创造机会，这样的亲密体验将影响女儿的一生。赶紧规划时间行动吧！

20

诚实

在本书第二章"成熟父爱的意义"中我说过，诚实意味着人格的健全完整。正直的人不会过一种分裂的生活——人前一副面孔，人后另一幅面孔，他的品性始终如一。

诚实是一个人正直的核心，一个决心过正直生活的人必须拥有诚实的品性。

如果一个父亲掩盖事实、扭曲真相或明目张胆的撒谎行为被女儿看在眼里，会对孩子有什么影响呢？

警察："先生，你开车前喝酒了吗？"爸爸："长官，就一杯而已。"（女儿知道他至少喝了三杯）

女儿："如果这部连续剧有你说的那么糟糕，你怎么还看呢？"爸爸：

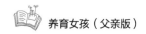

"我只看一小会儿就不看了。"（他不但看了好多集，还把它录下来以便将来观看）

女儿："爸爸，你说过带我去吃冰淇淋的。"爸爸："（眼睛一动不动地盯着电视）没有啊，我说的是，如果你七点之前能写完作业的话，我们也许有时间去吃点儿冰淇淋。（看了一眼手表）我的手表显示已经七点零二分了，而且球赛马上就要开始了。抱歉，明天晚上再去好吗？"

不光爸爸们会犯这种错，妈妈也会，这是家长们共有的一个问题。

科学研究表明，儿童的欺骗行为在过去数十年内有惊人的增长。一份报告指出，美国四分之三的高中学生会在考试中作弊。

你的女儿被视欺骗为理所当然的人所环绕，生活在一种不诚实的文化氛围中，这种文化中的谎言对她可能会有灾难性的影响。她需要一个更好的榜样，而你的家庭需要为她提供一个这样的榜样。

我是真实与透明的坚定支持者，我深信一切秘密都会伤人，因此我鼓励夫妇之间奉行"没有秘密"的政策。你与配偶之间的坦诚对女儿有意想不到的良好影响。如果你不对自己的行为遮遮掩掩，能坦率承认自己的错误和不足，你的女儿在对待自己时也会采取更为诚实的态度。

我在医疗实践中，一次次地看到这样的情况：如果父母最在意的就是设法营造良好的"形象",他们的女儿往往会对别人掩饰自己的本性;如果父亲惯于保留秘密,女儿则更倾向于嫁给爱隐瞒真相的男人。请别成为这样的父亲。

如果你有秘密,就坦白说出来,以身作则。向女儿强调诚实的重要意义,做一个讲真话的人——哪怕真话有时会令自己感到难堪。坦诚将为你带更健康、快乐的生活。

- 对自己的财务状况诚实(特别是当你报税或为女儿申请学费援助时)。
- 对你要出售的汽车状况诚实(坦白告诉想买这辆车的人该车的冷气系统坏了,并让女儿听到)。
- 在描述事情时诚实(不要粉饰或夸大)。
- 在遇到冲突时诚实(哪怕真相令人难以接受,也不能逃避或退缩,但不要以尖锐的方式表达)。
- 对自己的失败要诚实(有些父亲为了不吓到女儿,宁愿隐藏自己过去那些见不得人的秘密,如失败的婚姻、在大学时的违法经历等等。如果你的女儿年龄较大,她是能够接受这些痛苦真相的,你应该主动告诉她,别等她无意中发现。主动承认秘密会给女儿上一堂永生难忘的诚实课)。

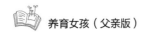

最后一点：你需要教女儿期望（甚至要求）她的朋友或男友对她百分之百地诚实。因为如果双方的关系建立在虚伪之上，这种关系如何令人满意？又有何意义呢？

优秀的爸爸也都是诚实的爸爸。莎士比亚说的好："没有比诚实更珍贵的遗产。"

* 好爸爸应该这样做 *

你可以同女儿谈谈否认事实、违背自己良知所要背负的沉重压力。以下是一些你可以同女儿讨论的问题：

- 我们什么时候会忍不住隐瞒自己的本性？
- 如果有人一心想发现我们的"污点"，他们会发现什么？

21

谦逊

优秀的父亲应该怀有一颗谦逊之心。谦逊并不是说可以随意被人呼来唤去，它不等同于软弱或自我贬损。

也许这样的足球队员最能体现谦逊的含义：他在赛场内是明星，在赛场外是绅士。他不会吹嘘自己的球技，谈论更多的不是自己，而是整支球队。同时，他也不会因自己是明星而忘乎所以。

谦逊是指我们对自己和别人的价值观有正确而健康的观念。尽管人与人各不相同，但从根本上说，没有谁比别人更有价值。只有这样的观念才能令我们脚踏实地，防止我们走向自大或自我贬抑的极端。

C.S. 路易斯（C.S.Lewis）在他的经典著作《返璞归真》（*Mere Christianity*）一书中指出，自大——谦逊的反面——总会激烈地反对人人价值相等的观念。他写道："争执是自大的本性。一个自大的人并不能从收获中得到快乐，只有当他比别人得到的更多时，他才能获得快乐。"因此，自大的人往往极度以自我为中心，沉迷于将自己置于别人之上，永远在拿自己与别人比较。他的心要么在膨胀（我高人一等），要么在萎靡（我不如别人）。

而谦逊的人则不会花时间与别人一较高下，也不会因自己在社会中的地位而自寻烦恼。刘易斯简明扼要地指出："真正的谦虚的人不是将自己想得更低，而是更少地想到自己。"事实上，谦逊是超越自我的界线，说明一个人存在着服务他人的心思。

培育自己的谦逊之心非常重要。首先，自大十分为危险，世界上绝大多数的苦恼和纷争都离不开自大。自大是婚姻的敌人，也是很多友谊破裂的原因。

其次，谦逊使人释然，它能让我们避免以浮华的眼光看待自己，使我们从与别人的比较中解脱出来。谦逊能让我们不再恐惧批判，远离自我陶醉，更好地走向他人、服务他人。

当我们心有一颗谦逊之心时，就能聆听到不同的声音，这些声音要比世俗的嘈杂更动听：

- 谦逊的心会安慰你："你的价值不在于你的职业、财产或他人如何看你，而在于你存在于世这一事实。"

- 谦逊的心会提醒你："你的过错并不能改变事实，你所做的一切都是有意义的。"

- 谦逊的心会指引你："他人并不是你的敌人，他们和你一样，你可以通过服务他们，从而获取知识和教训。"

- 谦逊的心会监督你："不要只汲汲于你欲求的东西，应为他人的需要而奉献。"

- 谦逊的心会告诫你："地球并不围绕着你转动，因此你没必要非得成为他人瞩目的焦点。"

父亲们仅仅自己培养谦逊的品格是不够的，还应该将它传递给你的孩子。

我在前面曾说过，对女儿的赞扬非常重要，但这种赞扬应该真诚、符合实际。把女儿所做的一切都拿来吹嘘一番，或告诉女儿她是（或她需要成为）世界上最漂亮、最聪明、最讨人喜欢的女孩并没有什么益处。在女儿内心深处，她知道自己擅长什么、不擅长什么，她对自己的认识往往比你更准确。你越是给她言过其实的赞扬，她在心里就越疑惑：爸爸这么爱我，原来就是因为这些吗？

如果你希望女儿成为既自信又谦虚的人，就需要根据实际情况赞扬她，还要教她懂得：不管她有什么长处或弱点，都是与别人平等的。这个道理本身并不难懂，但现在的社会中过于鼓吹和赞美"自我"的观念，并以金钱、知名度等为衡量人们价值的标准。但事实上，我们往往并不觉得别人所表现出的自我吹嘘、自我中心和利己主义等品质有何吸引力。我们自己也应警醒，不可染上这些习气。

教孩子谦逊的最佳方式就是以身作则。如果你告诉女儿要谦虚，但女儿却常常听你以认识某位名人来炫耀，拿自己与朋友或邻居比较，因贬低别人或吹嘘自己而得意扬扬，她自然也会变得自大。

另一方面，如果女儿看到你能坦然承认自己的不足、默默为家庭付出、犯错时真诚道歉、对所有人都仁慈友善，那么她自然能学会谦逊。如果你能将自己并不高于任何人的道理，体现在服务他人的行为上和仁慈的言语中，那么你的女儿将受到巨大的影响。

在此我要向你提出一个挑战：努力实现这一点——当你的女儿听到"谦逊"这个词时，第一个想到的是你。

* 好爸爸应该这样做 *

问问自己：

• 我是不是经常对我的朋友、家人或同事持批评态度？

• 我是不是会轻易对某些人或事下结论？

• 我是否会以高高在上的态度对待服务人员、下属、妻子和孩子？

• 我能虚心接受合理的批评吗？

如果你对以上任何一个问题的回答是"是"，那么请列一个改善清单，并依照清单行动。

22

懂得享受快乐

有一次我在参加女儿的田径运动会时，看到大约一公里外有个头发花白的人蹬着自行车正向我们骑来。过了一会儿，我才看清那个人是彼特，她的女儿伊丽莎白也参加了这个运动会。

对体育和户外运动的共同热爱为彼特和伊丽莎白带来了十分亲密的父女关系。在伊丽莎白还很小的时候，彼特就经常带她到林中散步。读四年级的时候，伊丽莎白便开始练习跑步，彼特下班后常常陪她在学校的跑道上一起慢跑。

那次我看到他时，彼特依然穿着工作装。他卷着袖子，裤子松松垮垮地扎在袜子里，领带在风中飘荡，看上去十分滑稽。他大汗淋漓地爬上山坡，把自行车停在了路边，还没来得及理理头发或把裤脚从袜子里拽出来，就朝女儿坐着的地方跑去。看到父亲后，伊丽莎白也迈开腿向父亲跑过去。彼特的脸上浮现出微笑，脚步放缓成慢跑的姿态。当他接近女儿时，俯下高大的身躯，一把抓住女儿的腰，把她高高地抛向空中。伊丽莎白高兴地叫着，又像个布娃娃一样落回父亲手上。接住她之后，彼特又抱着她转了一圈，之后给了她一个大大的拥抱。

父女之间流露的温馨令人感动，这种交流所传达的最重要的东西就是快乐——一位父亲在自己心爱的女儿那里所感受到的快乐。

内心的快乐是好父亲必不可少的。当别人赞扬我们、上班路上一路绿灯时，我们可能会感到很愉悦，但快乐并不是一种短暂的感受，而是一种长久的心境。

那么，父亲应如何培养自己这一心境，并在的家中创造快乐的氛围呢？

积极乐观。 在生活中，我们听到的大多数报道都是消极的，你最好能以积极的观念充实自己的思维。如果新闻头条让你感到沮丧焦虑，不妨放松一下，关注一些正面的报道。别一味关注令人抑郁的话题，试图把更多目光投向生活中美好的事物，例如友人生活中有意思的事，赛场上的重点赛况等等。把你的家庭营造成一个所有消极文化都无法影响的绿洲——在家中禁止责骂、炫耀和讲粗话。

时常庆祝。 别等到生日或周年纪念日才去庆祝，小小的成就也值得庆祝一番。如果女儿没有蛀牙，她在拼写测验中得了 A+，你的妻子开了博客，或者你家的狗学会了怎么打滚，在家里欢呼、鼓掌、放起音乐、载歌载舞吧！尽情笑吧，哪怕傻一点儿也没关系，让你快乐的一面尽情出风头！

鲍勃·哥夫（Bob Goff）是个精力十足、热爱冒险的作家，他在他的著作《爱的实证》（*Love Does*）中写道："我觉得对爸爸而言，尽责任最好的方式就是双膝跪下，俯身贴近孩子的生活，并低语说：'你想去哪儿呢？'"想想生活中有哪些值得爱、值得我们留心的事物，又有哪些东西能满足内心对丰饶世界的至深渴望？和孩子一起去体验吧！你愿意女儿为创造更多属于父女的开心记忆吗？

* 好爸爸应该这样做 *

做一些谁也想到不到的"傻事"，比如：

• 穿一些傻乎乎的衣服照相（可以把照片贴在冰箱或发到社交网站上）。

• 发明一个新游戏并跟女儿一块玩。

• 吃饭时先吃甜点。

• 走出屋子，和女儿到雨中玩耍。

• 让女儿为你化妆、设计发型。

• 表演你最喜欢的电影。

• 和女儿发明一种新菜式。

• 举办一个"恶作剧之周"，看谁捉弄家人的把戏最高明（需要制定一些规则）。

23

有耐心

当读大二的杰姬从学校回家过圣诞节时，她的父亲汤姆感到很震惊，因为女儿看起来很糟糕：十分消瘦、双眼黯淡无神、说自己没胃口吃饭。显然，事情不太对劲。

汤姆觉得也许是因为她学业压力太大，或是自己离婚对她造成了不良影响。他想，也许在杰姬和她弟弟还小的时候，身为会计的他花了太多时间在工作上。他又想，难道她得了癌症或染上了艾滋病？但杰姬连续做一个半小时的剧烈运动好像也没什么问题。

汤姆询问了他能想到的每个人——同事、朋友，甚至他的前妻。终于有一天，在度假时，他忍不住责问女儿："你为什么不吃东西？"结果女儿对莫名其妙的老爸发了一通脾气。最后，汤姆只好打电话向他的一个医生朋友求助,朋友告诉汤姆:"你女儿得的是饮食紊乱症。"

汤姆的朋友是对的,杰姬被诊断出患有神经性厌食症,并接受了为期数月的治疗。但即使在治疗过后,杰姬也需要费力地与自己的消极念头做斗争。在一次门诊接诊中,我看到汤姆静静地描述女儿的真实生活,日复一日地帮助女儿,最后终于凭借自己的温柔和耐心帮助杰姬战胜了心魔。

杰姬最终痊愈,并得以继续学业。汤姆虽然从没说过自己在治愈杰姬的过程中有什么功劳,但我想,杰姬一定会说老爸的耐心对她的康复十分关键。

我们焦躁发火是容易的,但要忍住内心的沮丧、保持耐心却需要力量。你的自控力将使你免于懊恼悔恨的窘境,你的冷静、坚定和以身作则将为女儿带来极大的利益。

我在此必须清楚地指出,耐心并不是消极被动,不是对错误的行为视而不见或尽量避开,而是意味着拥有不被激怒的内在力量和自控力。

你会尊敬(而且认为你的女儿也会尊敬)哪种男人?是冷静、坚毅、有自制力的男人呢,还是脾气火爆的男人?一个有耐心的男人不会对拥堵的交通破口大骂,不会因一连三天被女儿的滑板车绊倒而大发脾气,当涂了黄油的面包掉到地板上时也不会怒气冲冲地拍桌子。他会冷静地接受这些事情的本质——不过是一些小小的不便,即使发脾气

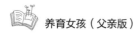
养育女孩（父亲版）

也徒劳无益。

你的女儿还在成长中，而成长是需要过程的，所以你应该教育她、爱她、纠正她、提醒她，对她宽容一点儿。只要你愿意花些时间，就会看到女儿积极的转变，你的耐心一定能获得丰厚的回报。

* 好爸爸应该这样做 *

为你的生活列一个"耐心清单"。请思考如下问题并如实回答：

• 在遇到交通拥堵时你有耐心吗？当你排长队时呢？

• 当你需要的机器或设备没法正常工作时，你是否会感到焦躁？

• 女儿没完没了地问"为什么"是否会让你觉得烦躁？

• 当你在一些事情上不得不反复提醒女儿时，你是否会明显地不耐烦？

• 你是否会对女儿说（或吼）这些话：你怎么一点儿都不懂事呢？我得跟你说多少次才行？我不想再说一遍！

100

24

保持纯洁

我不知道对男人来说，还有什么比色情制品的诱惑更大。

我自己也有丈夫和儿子，我知道他们所面临的诱惑，他们和你都深受色情影像的折磨。我曾在《强爸爸 好女儿》一书中写过："色情广告给年轻女孩和妇女们造成了巨大的伤害，但它们对男人的伤害要高出十倍。"

男人面临的诱惑是严峻的。在笔记本电脑、平板设备和智能手机无处不在的今天，往往只要点击一下鼠标或滑动一下手指就能获得色情影像。色情信息几乎已经成为社会的常态，似乎总有个声音在人们耳边悄声说："这妨害不到谁。"但科学统计和我们的经历共同昭示着完全不同的事实：色情制品会伤害每个人。

色情制品与针对妇女儿童的性犯罪之间有明显联系，它对男人的恶劣影响也不容否认。色情制品中不存在男子汉气概，只有羞耻，但很多男人依然沉浸其中难以自拔。

由于互联网的普及，色情制品变得更为私密化，诱惑会在你耳边低语："谁也不会发现你。"但网上最近爆出的丑闻说明，你在网上做不到真正的匿名，你所有的搜索和点击都在监控之下。当你考虑买一把电钻时，你的浏览器刚好就会出现电钻的广告，你觉得这是偶然吗？秘密终将大白于天下。

你还应该记住这一点：你是一位父亲，你有个女儿。色情行业中的每个女人都是某个人的女儿，她们不应该沦为受害者。你应该做的是保护她不受伤害，而不是做一个旁观者。

我曾亲眼见过色情制品的危害：有人因色情制品而丧失名声，致使女儿遭受打击、婚姻触礁、家庭破碎。我相信大部分男人都对自己点开和观看色情影像的决定懊悔不已，我不相信哪个正派的男人会说："我真高兴自己观看了这些色情图片和视频。"屈从于色情制品的诱惑不会带来任何益处。

如果你的心是纯洁的，在使用互联网时要怀有戒心；如果你对色情制品已经上瘾，应即刻发誓不再沉迷其中，远离一切可能将你诱入陷阱的影视、图片和链接，做一个能控制自己欲望、正直、纯洁的男人。

拥有自控力

2015 年 2 月，《纽约时报》刊登了一篇名为《一条愚蠢的推文如何毁了贾斯丁·萨科的生活》（*How One Stupid Tweet Blew Up Justine Sacco's Life*）的文章。这篇文章详细讲述了一个令人难以置信的故事：在飞往南非的航班上，30 岁的公司传播主管贾斯丁·萨科心不在焉地对自己的一百七十名推特粉丝发了一篇满含讥讽的推文。当十一个小时之后，萨科的飞机降落于开普敦机场时，她那篇无心的推文已经在全世界流传，数以万计的用户愤怒地回击她的"玩笑"。最终，这位年轻女士丢掉了工作。她不仅在人际上被孤立，在情感上也饱受羞辱。

很多人在碰壁之后才会懂得这个残酷的真理：你的一时之过可能会让你一生悔恨，我们的无心行为可能会造成长久的影响。当我们顺从自

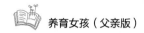

己的冲动时，就会变得无力而脆弱，所以必须拥有良好的自控力。

自控力是人掌控自己欲望和冲动的能力。有自控力的人才是自己的主人，他们不会屈从于一时冲动，也不会被自己的冲动和本能所支配。有自控力的人开口前会三思，行动前会衡量后果。他们不会因一时的便利而做决定，而是从长远出发，做最聪明、最有利的打算。

无论是控制自己的急脾气，以免说出事后令自己后悔的话，还是在早晨五点闹铃响起时准时起床，好在上班前跑够五公里，自控力总能给你的生活带来益处，所有你所知道的成功人士所取得的成就都与自控力分不开。

自控力可以靠你主动培养。有自控力的人知道自己不会被感情、诱惑和愤怒操纵，所以他们往往更安全可靠。

正如其他品德一样，你也要开发、培养女儿身上的自控力。以你自己言行来教孩子自制，对孩子强调自控力的重要性。比如，让她看到你将尽责（如修草坪）置于享乐（如观看重大赛事）之前，并同样教育她学会自制，推迟享乐：例如在做完作业前不看电视。为女儿制定规矩，并告诫她要遵守这些规矩。当孩子们有规矩可遵守，有标准可追求时会更自信。最快乐的孩子是懂得自我克制的孩子。

* 好爸爸应该这样做 *

计划一个"守约之夜"：把所有家人都叫到一起，并让大家做出改掉一个坏习惯，培养一个好习惯的承诺。

爸爸应率先示范，告诉大家你想改掉的坏习惯（例如在遇到交通拥堵时不发火）。如果你有胆量的话，请女儿或妻子提一个她希望你改掉的坏习惯。

孩子们可以承诺一些简单的事情，例如每天整理床铺、每晚刷牙等等。

最后，你可以告诉家人，无论每个人所做的承诺是什么，都能够成功。

第四章

————

好父亲的习惯

26

接纳女儿的一切

　　为什么人际关系如此难以处理？为什么有些孩子会欺负别的孩子？为什么曾经疯狂相爱的夫妇最后会离婚？为什么那么多人会撒"善意的谎言"？既然对富有交流经验的成年人而言，处理人际关系都这么难，对未成年的孩子来说，难度更是可想而知。

　　你的女儿最早会从与你的相处中学习人际交往经验，包括如何信任他人，如何与他人建立情感联系以及怎样与他人保持距离。对你的女儿来说，认识到你无条件地爱她十分重要。如果女儿觉得你对她的认可是基于其他条件的——例如她的外表、成绩、运动能力等等——她便会与你产生隔阂，因为这些并不能代表她的全部。如果女儿知道她有让你不喜欢或无法接纳的地方，她就会以不健康的方式有意识地隐藏这些东西。

假如她因为自己有点儿胖而闷闷不乐（或许因此被同学嘲笑），在家又听到你尖酸地谈论肥胖人士，她就会部分地封闭自己。如果女儿觉得被你排斥，就不会与你分享她的想法和感受，因为她没法完全信任你。

如果父亲对孩子非常苛刻，或时常吼叫，或情绪不稳定（往往是酗酒的结果），那么孩子就会如履薄冰，永远无法放松警惕。他们害怕哪怕微小的失误也会引来一顿痛骂（或更糟的事），于是很难吐露自己内心的真实的想法或感受。

接纳意味着无条件的爱。若父亲能有意识地为孩子创建一个安心的家庭环境，接纳的气氛就能扩散开来。父亲该如何使紧密的情感联系成为家庭中的常态呢？

首先，找一个地方——例如后院的秋千——能与女儿坦诚交流，不会被其他家庭成员听到后打断。

其次，花时间陪陪女儿——要花很多时间，她的生活需要你。没有什么比你愿意花时间陪她更能表达你对女儿的爱与接纳。我知道有些工作需要占用父亲很多时间，很难抽空陪女儿，但可能的话尽量在早上与她保持交流。给女儿一个微笑或大大的拥抱，对她说一句暖心、勉励的话。如果你的日程允许的话，应该多送女儿上学，尽量及时赶回家吃晚饭。

如果女儿年龄还小，每晚睡前把她抱上床，做一些睡前活动，例如为她阅读（或唱歌），给她几个蝴蝶吻等等。即使待她年龄稍大点儿，也不要中止这些活动，你可以在她临睡前到她房间里待一会儿，并告诉她你依然爱她。不管女儿年龄有多大，你们之间都应确定一个特别的父女交流日，每周一次，培养一个共同的业余爱好。很多父亲都发现，他们的孩子才是他们的最佳搭档。

最后，在你创建充满信任的氛围时，牢记人际交往的黄金法则。你在困惑时或许也不想听人说教，女儿也是。因此，当她对你倾诉心事时不要打断她，你只需静静地聆听，要尊重她。

在我的书《你的孩子有危险：未成年性行为如何威胁我们的子女》（*Your Kids at Risk: How Teen Sex Threatens Our Sons and Daughters*）一书中，我讲述过一位爸爸的故事。在他的孩子处于青春期时，他每年都会在欧洲租一个月的房子。没有朋友、电视和工作——在一个陌生而不被他人打扰的地方，这是只属于家人的团聚时间。

一开始，孩子们会抱怨太无聊，闹着要回家。事实上，全家人都因此感到烦恼不安。但几天过后，全家人便能为了集体活动而让步，接纳彼此的兴趣。他们开始制定一起行动的计划，很快就能一起兜风、一起购物、一起欢笑。他们对彼此的好恶变得更为了解，也更为需要彼此的陪伴。

我明白很少有家庭能在欧洲自由地待上一个月。但你同样可以在假期中的某个地点实现这一点，甚至就在自己家也可以。关键是为女儿创建一个能让她感受到安心、接纳和爱的环境。

* 好爸爸应该这样做 *

选择一天或一周，关掉家中所有使人分心的电子设备。你可以使用灯、电烤炉和微波炉，但不许使用智能手机，不许收发邮件、登录 Facebook，不许玩电子游戏，也不准盯着电视看。

工作只属于工作时间，当你回到家中时，就应该好好扮演父亲的角色。花些时间认认真真地与女儿交流，看看你能否从她那儿发现一些你以往不知道的东西。

看着女儿的眼睛，问问她今天过得如何，以及一些与她的生活相关的问题。在女儿欢乐时与她分享，难过时给她安慰，完全接纳她原原本本的样子。

27

宠爱女儿

约翰·艾杰奇（John Eldredge）在其广受赞誉的《我心狂野》（*Wild at Heart*）一书中，曾写下这些动人的文字："小女孩的内心呼喊着：'我可爱吗？'每个女人都需要确信自己在爱人眼中是矜贵的、独特的、被选定的，这是她自我身份的核心，是她承载上帝形象的方式。你会追求我吗？会因此而感到喜乐吗？会为我而战斗吗？……小女孩从父亲那里了解自己是否可爱。"

在花了数十年养育女孩、与女孩一同工作之后，我对这段话的评论是："是的，这是何等深刻的真理。"所有的研究都表明，如果父亲在伴随女孩成长时体贴关爱，那么女孩在生活的各个方面都有更好的表现。

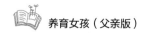

女儿向你寻求的无非是两个词：

关切。你若能给她更多关注，能注意到她生活中的小细节，她就会感到更多爱（也觉得自己值得被爱）。如果你能主动与她交流，她就会感到自己被珍视。如果她赶赴约会，午夜时分才回家，却发现你依然在等她，她就会感到自己受到关注。当然，你可以责怪她回来得太晚了，但你足够关心她、非等她安全到家才安心这一事实，会让她感到她被你深深地爱着。

宠爱。女人都希望在她的生活中能有人全心全意地关注她。爱就是对她说："我愿意为你这样做。我相信你。我觉得你很了不起。"艾杰奇是对的，你的女儿希望你能回答"我是否可爱"这一问题。如果身为父亲的你能给她肯定的回答，就是在以独特而有效的方式增加她的情感信心。这样一来，她便不会再去寻求别人的认可，因为她已经得到了认可。

如果你爱自己的女儿，就用显而易见的方式表达，这会赋予她必要的安全感。如果她从你这里得不到安全感和认同感，可能导致她在未来陷入险境，因为她会从你不愿看到的地方寻求这些感觉。我们的世界充满使人堕落的诱惑，而你保护女儿的最好方式就是给她父亲的宠爱，别吝惜。

以下是从女性角度，回答女儿始终念叨不停的问题——我可爱吗——的一些实用方式：

告诉她你爱她。也许你来自一个不鼓励表达的家庭，也许你不喜欢太"腻歪"的表达，请克服自己最初的尴尬。每个女儿都需要看到父亲宠爱的目光，听到他经常说"我爱你"。请尽量多地告诉女儿你爱她。

表达你对她的宠爱。让女儿知道她是你生命中的快乐，不要吝啬爱的言语。女孩们都喜欢听好话，言语是联系她们的纽带，因此，告诉女儿她值得宠爱的地方和理由。我敢保证，如果你是真诚的，她很快便会因你的言语而改变。

信任她。研究一下女儿的个性，深入了解她的生活，找出她身上优秀的、值得表扬的特质和与生俱来的天赋，然后告诉她你是她的"头号粉丝"。在小说《霍比特人》中，甘道夫对巴金斯说："你身上还有自己所不了解的特质。"你也可以按自己的方式对女儿说类似的话。请反复告诉她，她比她自认为的更聪慧、更有能力。对女儿说这些话非常重要，尤其当她处于青春期的时候，因为青春期的女孩往往会固执地贬低自己，你需要在她艰难的成长期不断以积极的话语鼓励她。即便你们经常吵架争执，也要设法将你对她的信任传达给她。

不要评论她的体重。不要夸女儿苗条，也别因为她有点儿胖就调侃她或说她该减减肥之类的话。不论你如何评论她的体重，都会在她心中埋下缺乏安全感的种子。我见过不知多少个案例，起因就是父亲对女儿体重无心（或冷漠）的评价。

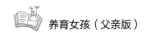

少评论她的外貌。 我知道这会让你有些困惑：女孩们不都希望爸爸觉得自己漂亮吗？当然，但别太过火，你不应该让女儿感到你最看重的是她的外貌。记住，当你谈论某个话题时，倾听者会觉得这个话题对你很重要。你应该让女儿明白，你最珍视的是她内心的美丽。你可以专门就这一点同她简短地交流一下。

每个女孩都在问这个对她们而言极其重要的问题：我可爱吗？请用你的回答将她从不安中解脱出来，为她指引一条通向成功人生的路，做一个善于宠爱女儿的好爸爸。

* 好爸爸应该这样做 *

请用显而易见的方式告诉女儿她对你是多么特别。

简单的事也会有重大意义，一个小小的行为花不了你太多时间。如果你起得比女儿早，不妨在她的化妆镜上留张纸条，或在她的钱包内夹张小卡片。同她一起拍些自拍照，把这些照片设成你的手机或电脑桌面。

如果女儿年龄还小，为她挑一个幸运手镯，让她知道，她是爸爸心爱的小女儿。每年她过生日时，你都可以再送她一件独特的"吉祥物"，以提醒她的与众不同及你对她的欣赏。如果女儿年龄稍大，你可以送她一枚戒指——戒指能明确表达你对她的爱意、尊重和期盼。

28

勇于道歉

你是否也这么觉得：真诚、传统的道歉如同磁带播放机一样日渐减少，趋于绝迹。举例来说，如果一位政客被发现有贪污或其他不良行为，接下来我们可以预见，他将会召开很多场新闻发布会或精心组织的媒体活动。这位忐忑不安的政客将会照着稿子念出一长串含糊其辞的句子，而不是吐露自己的心声。我们会看到他痛陈对手的"阴谋诡计"，而不是勇敢地自我担责；我们会听到他巧妙地为自己开脱，而不是坦然道歉，没有谦卑，只有狂妄。为自己开脱是自私的表现，推诿逃避更是懦夫所为。而道歉体现了大丈夫的气概——真正的男子汉会拒绝退缩逃避，敢于承担责任，在做错事的时候会站出来承认错误："犯错的是我，而不是别人。我错了。对不起。我会努力改正。"

你的女儿希望并且需要在你身上看到这样的担当，哪怕她的年龄还很小，也本能地知道人们应该承认自己的错误。如果你能这么做，你在她眼中的形象会更为高大。不仅如此，你这么做还会让她对自己将来要嫁的男人有更高的道德要求：她会找一个负责的男子汉，而不是一个只会找借口的懦夫。

那么男子汉式的道歉包括什么？

认识自己的错误。我们每个人都犯过错，不应该把自己的不光彩全都说成是别人的责任。

讲明真相。不要为自己的错误找借口，坦率承认。本杰明·富兰克林（Benjamin Franklin）曾睿智地建议："别让借口毁掉你的道歉。"

真诚忏悔。有人说"对不起"只不过是一句话而已，做了那么多错事，一句"对不起"又有何用呢？的确，如果"对不起"只是一句毫无诚意的客套话，那还真不如不说。但如果一位父亲对他给女儿造成的伤害真心感到难过，那么他的"对不起"就是个意义非凡的开始。真诚忏悔具有强大的力量，因创作了《更好或更糟》（*For Better or For Worse*）而享有盛誉的卡通艺术家林恩·约翰斯顿（Lynn Johnston）说过："道歉是生命的魔力胶，它能修复一切伤害。"

在《强爸爸 好女儿》一书中，我曾写过这样的话："我认识很多成就杰出，但依然深怀谦卑之心的男人，因为他们知道，生命比他们自身更伟大。他们的工作和存在只是更大生命图景的一部分，他们的成功不仅是为了自己的利益，也是为他们身边的人。父亲的谦卑是给女儿的馈赠。"

你的道歉并不会使女儿失望，她也不会因此认为你软弱。恰恰相反，她会因你的诚实和谦卑所展现的力量而与你更亲近，也会从你这里学到生命中宝贵的一课。

* 好爸爸应该这样做 *

做自我反省，想想最近你与女儿的交流。问问自己：

• 我是否有言语失当之处？

• 我对女儿是否急躁而严厉？

• 我是不是太专横了？

• 我是说到做到了吗？

• 当女儿对我说话时，我是否心不在焉？

• 我是否对女儿过于苛责？

• 我的言行举止是否会让女儿感到消极悲观？

• 我能否以为女儿服务的方式引领她？

- 我是否没有信守承诺？

- 我是否没能鼓励女儿？

- 我是否对女儿心中的顾虑、悲伤和畏惧不闻不问？

- 我和女儿的情感是否冷淡或疏远？

- 我是否只顾着自己的事，没花时间陪女儿？

- 我是否主次不分，错过了女儿参加的重要活动？

- 当我遇到压力或挫折时，可曾对女儿发火？

当你思考这些问题时，可能会发觉你的观念、言语或行为给女儿造成了伤害，你应该采立即取相应的行动。你或许需要与女儿进行一次"道歉之旅"，好父亲会愿意这样做。

29

管住自己的嘴

多言多语难免有过，你说得越多，就越可能说出令自己后悔的话。

查理·谢尔德（Charlie Shedd）在他的畅销书《致嘉兰书》（*Letters to Karen*）中讲述过一对找他咨询婚姻问题的夫妇的故事。妻子脸上长满雀斑，这从青少年时期起就给她造成了巨大的不安全感，她的丈夫却一直说这些雀斑让他着迷。直到有天晚上他们发生了激烈争吵，丈夫气冲冲地对她吼道："我从没喜欢过你那些该死的雀斑！"可想而知，事后的一千句道歉也无法弥补这句话造成的伤害。丈夫的道歉始终无法驱除妻子心中的这一问题："他究竟什么时候说的是真话呢？"

你任何时候可以在冷静下来后再说你想说的话，但你却无法收回已说出的话。

为了养成"管住自己的嘴"的习惯，你需要做什么？

倾听。在与女儿交流时，控制住自己不去打断她的话，也不要给她一堆你以为高明的建议。静静地坐下来，专注而认真地听她说话，多问一些明确的问题，这比仅仅对她说教要好得多。

在《强爸爸 好女儿》中，我讲述过爱斯琳的故事——她是一个来自美国中西部，就读于常青藤盟校的女孩。爱斯琳第一学年表现得很好，但第二学年内心却发生了某些转变，结果被学校开除了。在开车回家的漫漫长路上，她一路都在担心父母的反应。正如她所担心的那样，母亲对她大发脾气、吼她、责骂她、教育她，但父亲却把失望留给了自己。他静静地听她说话，静静地等待，只是对她轻声说道："你还好吧？"多年之后，爱斯琳认为那晚父亲温和安静的回应是她生命的转折点，也是她与父亲关系的转折点。

男人和女人都倾向于在面临紧张的局面时，以高压态势，靠激烈的言辞和严厉的声调取得最好的效果。有时我们的确能靠激烈的言语得到想要的结果，但据我所见，保持缄默、静静聆听往往更有力量。我很喜欢的詹姆斯·邓特（James Dent）的一句话，对父母们格外有用："在人生中，你将会有很多机会紧闭嘴巴。请好好利用这些机会。"

思索。当你在工作中遇到问题时会怎么办？我想你首先会收集信息，然后花点儿时间分析和处理这些信息。也许你还会请别人一块帮你分析，

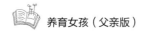

最后才能解决问题。

那么为人父母，我们为何不愿这么花心思呢？当我们在教育女儿的过程中遇到困难时，不要马上开启言语的闸门，首先花点儿时间弄清情况，然后再坐下来与你的妻子（或前妻）一块找出最佳的解决之道。

等待。 有时你因为过于激动，所说的话并不合适；有时你冷静而理智，但你的女儿却没有心情听你说话，也就说，你说的任何话她都听不进去，你只是白白浪费口舌。其实有时候你肯缄默地等待，让女儿发泄出自己的情绪，她反而能自己找到解决问题的方法。这是成熟的必经过程，也是件好事。好运属于善于等待的人，所以你应静观她的行为，等待最佳的开口时机。

如果能遵守这些准则，爸爸们就能少犯错、少道歉。当你开始说得更少，听得更多时，你的女儿会体会到你的聆听与珍视体现了对她的爱，因此也会更积极地与你交流。

记住，永远不要为不经大脑就出口的蠢话而懊悔。

* 好爸爸应该这样做 *

如果你的女儿年龄尚小（九岁以下），跟她一起做些"傻气"的游戏——"只听不说"：让她用胶带把你的嘴封住，接下来的十分钟只能由她说话。告诉她她想说什么都可以，你一句话也不会说，只会耐心聆听她的话。

如果你的女儿年龄大一些（十岁或以上），设法在以下问题上与她交流：

• 你目前最担心的是什么？

• 你觉得自己生活中最大的遗憾是什么？

• 如果你能回到过去重过生命中的某一天，你希望是哪天？为什么？

• 你觉得"真爱"是什么？当你遇到"正确的另一半"时，如何才能知道他就是那个人？

• 如果家人能为你做出一项改变，你希望是什么？

• 你祈祷吗？如果是，那么你会在祈祷中祈求什么？

请记住，这不是你高谈阔论或进行说教的时候，你需要克制自己开口的欲望，练习倾听技巧。这种训练将会为你带来更有效的沟通。

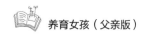

30

发现和培养女儿的特长

如果发现和培养一个人的特长能唤醒他的天赋，那么从这个意义上说，每个父亲都是自己孩子的教练。

一个教练要身兼多职，他同时也是销售员、激励者、军师和监督员。培养有技术性的层面，即技巧上的教导，同样也涉及人际交流与心理层面。罗·霍兹(Lou Holtz)曾说："我敢说，与人打交道是教练最重要的事。"

最好的教练能了解运动员的强项和弱点，将他们放在正确的位置上，能赢得运动员的信任，教会他们成功的方法，并不断勉励他们说："我相信你能做到！"这一点已经在体育界被反复证明。正如伟大的教练唐·舒乐（Don Shula）所说："我的责任是带领运动员。只要我一消极，我的队伍立刻就会受到影响。"

在"好父母在线项目"推出的"培养优秀孩子的十二项原则"中我曾讲到过，每个孩子都需要父母回答他们的三个基本问题：1. 你信任我什么？2. 你怎么看待我？3. 你对我有何期待？

这也是一个优秀的教练所要回答运动员的问题。

"你信任我什么？" 请思考这个发人深省的事实：当你每次与女儿交流之后，她与之前相比要么更有自信，要么更缺乏自信。女儿在与你交流时会观察你的面部表情，留心你的声调，密切注意你的肢体语言。然后她会根据所有这些得出结论：爸爸在乎我说的话／爸爸觉得我的话和我的想法根本不重要。

举例来说，你问了女儿一个与她学校有关的问题，当她回答你的问题时，你却开始打电话或回短信。你的女儿会怎么想？她会觉得你一点儿也不重视她的回答。如果你这么做一两次，也许还没什么，但如果你对此习以为常的话，你的女儿就会得出"爸爸不在乎我"的结论。

你相信我吗？你觉得我能行吗？你觉得我够格吗？你觉得我有吸引力吗？你觉得我有拿得出手的东西吗？你觉得我值得别人为我战斗吗？这些都是女儿会问你的问题。女儿会成为什么样的人取决你如何以自己的言行回答这些问题。

"你怎么看待我？" 这是个很难回答的问题。事实上这个问题的本质并不是你怎么看待她，而是你的女儿觉得你怎么看待她。

　　我很喜欢一位父亲回答女儿这个问题的方式。露丝就读于一所重点学校，她爱踢足球，也很有音乐天赋。但在十四岁的时候，她的思想开始有了变化：她身边的朋友变了，她在身上文身、逃学，与父母也变得疏远。易怒而叛逆的露丝成了父母的心病，万般无奈之下，他的父亲来向我求助。我建议他说："为何不带她出门好好过个周末呢？"当时露丝已经不再跟父亲说话，但他还是决定试一试，于是带她去玩漂流。

　　第一天露丝依然一句话不说，她的父亲也只是耐心地划船，到了晚上的时候温和地请求露丝帮他固定帐篷。第二天，露丝开始简短地回答父亲的问题，而父亲还是静静地划船。第三天露丝终于发脾气了，她对父亲大吼大叫，还骂他，但父亲克制住了还击的冲动。第四天，露丝抽噎着说："你一点儿也不在乎我！你和妈妈都不关心我！你们只想让我在你们的朋友面前'表现得好一点儿'。你们是坏父母！"

　　这次旅行并不愉快，直到第五天，露丝和父亲才算有了真正的交流。他们一起说了很多话，一起哭泣。尽管接下来的几个月十分难熬，但这次露营成为他们关系转变的催化剂，也深深地影响了露丝的未来。

　　事态是如何发生转变的？在这五天里，露丝的父亲回答了女儿一个重要的问题。他耐心的行为向她表明："没有任何事能动摇我对你的爱。即使你的表现很糟糕，我也会一直陪着你。"就是这样。这个故事让我想起传奇教练阿莫斯·阿隆索·斯塔格（Amos Alonzo Stagg）的话："为了唤出球员的最佳水平，你必须爱你的球员，尽力为他们服务。我并不是很欣赏某些与我一道工作的球员，但我依然爱他们。我的执教生涯凭爱指引。"你在扮演父亲的角色时也应以爱为指引。

"你对我有何希望？" 优秀的教练（以及优秀的父亲）心中都怀着愿景。也就是说，他们会以希冀的语气谈论未来，对自己团队的发展有着长远的打算。当斯塔格教练被问起他执教过的球队属于哪种类型时，他说他二十年后才能知道："我要看看我的队员们有多少人能成为医生、律师、好丈夫和好公民。"

这就是好教练的做法——他会以自己的积极态度和对未来的愿景来燃起球员的斗志，他对球员的认可给了他们努力和不断争取佳绩的理由。同样地，你的女儿也需要你对她说："我以你为荣，我信任你，你的前途不可限量。"

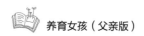

* 好爸爸应该这样做 *

趁现在还能记起，列一个清单，写出五到十个你相信女儿所具备的优点（例如"我相信你很聪明，我想你能以积极的方式影响你的朋友"）。将这个清单放在女儿肯定能看到的地方。

抽个时间坐下来，对女儿说说你的心里话，我的意思是告诉她你对她的爱。你可以对她讲讲她出生那天你的感受，或者告诉她你在哪些时刻对她的爱意满盈。

晚些时候，在另一张清单上写下你对女儿的期望。不要把对她的希望定得过于具体（例如，我希望你能考上某某大学；希望你像妈妈一样热心公益；希望你像自己亲爱的老爸一样成为一个医生等等），相反，你的希望应该更宽泛一些（例如，我希望你能嫁给一个谦虚助人的人，我希望你能勇敢追逐自己的梦想等等）。

31

通过交流了解女儿

人的心灵充满美与力量,但我们需要智者将这些美与力量引导出来。这是伟大创作者们的工作,但我们生命中优秀的朋友、导师和家庭成员也能做到这一点。

作为一个父亲,唤醒孩子们天性中最美的部分,帮助他们发现自己的天赋,培养他们的技巧,塑造他们的性格是你的分内之事。因此,你需要以父亲独有的方式与他们进行深刻的交流。

身为一个妻子、母亲、祖母以及一个拥有三十年经验的儿科医生,我一次次地发现:优秀父亲的素质之一,就是拥有与女儿沟通的意愿。他不会把与女儿沟通的责任一股脑地丢给妻子,并在心中说:"她们都是女人,女人更理解女人。"他也不会放任女儿自由成长,对她毫不干涉。

以下是你与女儿对话的正确方式：

走进她的世界。 花点儿时间问问自己：做我的女儿是什么感觉？她在学校过得怎么样？她喜欢什么音乐？她有哪些朋友？她们在一起时会干什么？当然，你也许无法得知所有与她有关的事，而且你显然也不希望女儿感到你在窥探她的隐私，关键是你需要与女儿的世界保持联系。如果你曾因"给孩子更多空间，更少限制"的流行观念而退缩，那么现在你需要重新进入她的世界。她需要你，她比你认为的更需要与你的沟通。

在恰当的时间交流。 你不能按照自己的日程情况安排与女儿沟通的时间。仅仅因为你需要在早上六点起床，在上班前只有一点儿空，但并不意味着对她来说是最佳沟通时间。优秀的爸爸会了解孩子何时最愿意与自己沟通。对多数孩子来说（尤其处于青春期时），晚上是不错的选择，但也许你需要花更多时间等待，因为女儿要先完成作业并且有空。这时你可能会发现她更放松，更愿意回答你的问题。在我们忙碌而繁杂的文化环境下，拉一把椅子坐下认真交流非常重要，它会给女儿传递这样的信息：我在这里。我想陪陪你。我想听听你的心里话。

问个人化的问题。 女孩们常常会想到自己（特别是在青少年时期）。与女儿交流的最佳方法之一，就是问她一些与她相关的开放性问题，这些问题无法简单用是或否来回答。以下就是一些可用于开启交流的好问题：

- 你读过的最好的书是哪一本？

- 你吃过的最难吃的食物是什么？

- 如果从一到十打分，你给自己的舞蹈天赋、唱歌天赋、艺术天赋和写作天赋分别打几分？

- 你晚上会做很多梦吗？都是些什么梦？

- 如果你被困在荒漠或孤岛上，身边只剩下三样东西，你希望是哪三样？

- 什么样的朋友让你笑得最开心？

- 你心目中最完美的一天是什么样的？

- 你认为结婚的最佳年龄是什么？

- 同学的哪些行为让你最讨厌？

- 你今天遇到的最好的事是什么？

当你的女儿看上去更轻松、更有心情聊天时，你可以问些更深入的问题：

- 直至目前，你生活中最大的压力是什么？

- 你对自己的哪样成就感到最自豪？

- 如果你胆子更大一点儿的话，你最想做什么事？

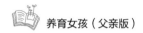

保持眼神交流。 在交谈时关掉电视，把手机、平板设备、书籍或杂志放到一边。说话时看着女儿的眼睛——眼神接触是亲密的体现，它传达的信息是：我愿意与你交流。

克制住自己，别打断她的话。 当你打断女儿的话时，你给她的感觉是：我不是真的想听你把话说完，这是因为你的话很没意思，或者我根本不知道你在说什么，又或者是我的话比你的更重要。请务必要克制住自己打断她、纠正她或驳斥她的冲动，因为孩子们在情感上是非常敏感的。管住自己的嘴，你肯定会因此获得回报。如果你能让女儿感到你想真心与她交流，能认真倾听她的话，她会告诉你很多与自己有关的事：她喜欢和讨厌的事，最大的愿望、梦想和恐惧等等。

* 好爸爸应该这样做 *

一周至少设法与女儿做两次交流沟通。交流时要坐下来，保持眼神接触，问她一些问题，然后就紧闭嘴巴，认真聆听她的话。用问题引导她分享更多自己的想法和感受，而不要立即说出你的想法或立刻切换到"问题解决模式"。

问一些你能想到的、无须评判的问题——出于真正的好奇。如果你想不到，只需静静地坐着，保持专注，与女儿进行眼神交流并认真倾听，她会因你愿意倾听她的话而倍感喜悦，因而一次次地向你敞开心扉。如果你们之间有一些动人的对话，你与女儿关系也会更为牢固。

32

适当地管教女儿

说实话，我养育孩子的时候不喜欢管教他们。我希望孩子们喜欢我，喜欢跟我待在一起，对孩子的管教似乎让我觉得有违"好父母"之道。

对管教孩子心存抵触的父母不只我一个。据我多年来的观察，多数父母都不愿对孩子施行必要的管教。为何会这样？或许原因有很多，但我在这里先列举四个：

1. 管教孩子令人不快。在绝大多数情况下，管教孩子是关系紧张和冲突的结果。谁喜欢这样呢？

2. 管教孩子需要花时间。管教会分心，纠正孩子的过错意味着你得停下手头的事。而用一两个空洞的威胁吓唬吓唬孩子则简单得多。

3. 管教孩子耗费心力。有时仅仅在早饭前的一小会儿，我们就得三番四次地教育孩子。

4. 管教孩子看上去有点儿残忍。很多父母都会有这种想法，因为我们都有被父母严厉纠正甚至责骂的经历。但这里有个重要的区别：管教并不是惩罚，而是教育。有效的管教措施永远不会是残忍的，如果我们对孩子不管不教才是真正的残忍。

适当地管教能使孩子获得更多尊重，并赋予他们更好的教养。但管教的真正作用是教会他们自我控制。

自控力必不可少，任何人获得幸福和取得成功都离不开自控力。拥有良好的自控力也是帮我们避开灾难最有效的手段之一。

有自控力的丈夫不会在与妻子吵架时想到什么就说什么；有自控力的商人会认真聆听客户和员工的需求，并迅速回应；有自控力的运动员会通过密集的训练来锻炼自己的体格，以适应精英化比赛的要求。

没有自控力的人只会陷入麻烦之中——包括情感困境和财务困境等等。

孩子的自控能力只能通过父母坚定而持续的管教养成，如果可能的话，应尽早开始管教并坚持下去。确保孩子每晚都能准时而高效地完成作业就是一个良好的开始。

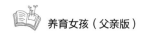

随着女儿年龄的增长，你可以根据她的自控能力和日益成熟的决策能力让她享有更多自由。这虽然令人心生惧意，但却是必要的。遗憾的是，很多父亲所做的刚好相反——女儿越大，他反而管得越严。请克制自己的控制欲，记住，你的职责是教会女儿管理自己的生活和行为。

父亲们，请不要逃避自己管教孩子的责任，发挥你应有的权威。事实上，女儿表面上可能会生气发怒，但在心里是尊重父亲的管教的，因为这说明父亲足够关心她。父亲的威严会给女儿安全感。如果父亲对女儿放任不管，她就会向别处寻求安全感，例如从朋友或男朋友那里，而你很可能不喜欢这些人。

请记住这一点：管教孩子不是件乐事。你需要花费时间，可能因此而疲惫不堪，甚至还会让女儿觉得你很刻薄。别因此而放弃，你收到的回报是：你的女儿将成为一位有自控力的优秀女性。不仅如此，由于你的管教，你已经把她引向通往成功的正确方向，并帮她避开了生命中很多不必要的痛苦。

* 好爸爸应该这样做 *

你应当记住这些与管教孩子有关的重要道理：

• 培养孩子的自控力是管教的核心。问问自己：我做到自我克制了吗？

• 如果女儿不懂得如何控制自己，她将无法在日常生活和人际关系中获得成功。

• 管教最终是为了女儿好而不是你自己好。

• 制定规矩的人是我，不是女儿。坚定的指引会让她感觉到稳定、安全和爱。

• 适时对女儿说"不"其实是给她的馈赠。我的"不"够多吗？

• 我只会在必要的时候管教孩子，不是所有孩子气的行为都需要纠正。

• 管教不是吼叫。管教要怀着理智的心，让孩子为自己失当的行为承担相应的后果。

• 良好的管教需要花时间，女儿需要我不断地提醒她遵守规矩。重复并不是失败的表现，因为女儿尚在成长中。

有选择地进行管教。如果你想同时纠正孩子的诸多不当行为，就会很容易感到沮丧。以下这些策略能让你获得更佳的管教效果：

• 选择纠正女儿那些让你觉得真正反感的不良行为。

• 在你冷静的时候，告诉女儿在这个家不允许出现某些行为，强调如果她再犯会有什么后果。

• 问问女儿有什么要说的。

• 做好准备迎接女儿的挑战，她想知道你是不是认真的。

• 告诉自己你必须赢得这场战斗。

• 你可能要花费数周时间才能得到自己想要的结果。坚持住，别退缩。

• 一旦女儿懂得了谁才是权威，纠正起其他的不良行为也就更加容易。

33

离开"疯狂列车"

或许你之前听过"疯狂列车"的比喻。"疯狂列车"是一列搭载着流行文化观念的高速列车，它一往无前，所有挡道的东西都会被它撞倒，包括很多父母。"疯狂列车"的车身上写着："父母们必须全年无休地保证自己孩子的幸福与成功。"

我也曾是疯狂列车上的乘客之一，乘着这辆可怕的列车走了好多公里。不用说，那些买票踏上这段旅途的父母给了自己巨大的压力，对孩子也抱有过高的期望，但结果往往不尽如人意。

"疯狂列车"上的父母们想尽一切办法让孩子成功，成功就是他们的唯一目标（这里的成功指孩子在任何方面都很优秀）。

为了实现这一目标，父母单方或双方感到自己绝对有责任确保女儿在各方面都是最好的（而且只能是最好的）：她要读最好的预科学校，请最好的家教，参加各种培训班，对食物极为挑剔，要有海外度假或夏令营经历，要聘请名师扩展她的体育天赋，衣柜里全是名牌服装，只进"正确"的社交圈，最终进入一所精英大学。

另一方面，父母则要为此加班加点地工作，通常还是做压力颇大的工作（不然如何负担得起各种昂贵的开支）。他们还得在一些具有争议性的事务上为做个好家长而投资，比如学习医学护理等等。

我仅列举一些他们每天必须处理的日常事务：拼车、带孩子进行团队体育训练、门诊预约、带孩子上音乐课、辅导孩子的家庭作业、洗衣服、做饭、搞卫生、各种琐碎家务、社交活动、学习个人养生课程……还没累垮吗？

如果这还不够，这些"疯狂列车"父母还时不时觉得有必要做一回"直升机父母"（指过度保护，像直升机一样无时无刻都盘旋在孩子周围的父母——译者注），孩子生活中的任何琐事都让他们操心不已（并试图管理和控制这些琐事）。

到了这一步，生命已经不再是个灿烂的奇迹，也不再值得被珍惜，它对这些父母而言已经成了一种不得不忍受或克服的东西。这些父母竭尽全力地往那个名为"成功"的神奇之地赶，却错过了旅途本身的迷人景致。

如此之多的父母（也许是绝大多数父母）竟感到生活烦不胜烦，这是否会让你感到惊讶？如此之多的父母永远生活于疲惫之中，对此你是否感到困惑不解？或许你和他们一样，整日都觉得无比忙乱，最后却依然深感挫败？

在我的行医生涯中，我见到过很多患有抑郁或焦虑障碍的女孩，这是偶然现象吗？"疯狂列车"看似是通向成功与优质生活的唯一途径，但最后却会把你带到你最不想去的地方。

如果你是"疯狂列车"上的一员，我要告诉你：你犯了一个错误。你应该做的不是想尽办法让女儿取得优异的学业成绩，而是应该关注她的心灵和精神——这才是她的本性，是你爱她的原因。你可以选择离开这趟"疯狂列车"，培养女儿还有更好的方式。

当然，为孩子争取美好的事物并没有错，但如果你为了追求这些事物而把生活变得压力重重，就说明你做得太过火了。别犯这种错误。你可以做一名优秀的老爸同时远离那种生活。事实上，如果你能离开这趟列车，把生活的重心放在真正重要的事物上，你会发现你比以前过得更快乐、更健康，生活也会变得更有质量。主要是你与女儿关系也会更为密切，因为此时你们的关系是根植于她的本性而非她的成就之上。

好爸爸应该这样做

统计一下你所有的家庭活动，看看每项活动各占多少时间。
然后问问你自己：

• 我的妻子和孩子有足够的放松时间吗？

• 我的女儿有时间自由享受她的童年和少女时光吗？

• 哪些活动对我们最为重要？哪些最不重要？重要的活动有合理的理由吗？坦率说来，哪些活动是没必要存在的？

34

时刻盯紧目标

　　在我的书《你的孩子有危险：未成年性行为如何威胁我们的子女》中，我讲述了美娅的故事。

　　当我第一次见到美娅和她的父母时，就立刻感到他们的家庭关系正处于危机之中。她的爸爸直截了当地说："我真不知该拿她怎么办才好了……我们管不了她。"美娅的故事令人难过，却很有代表性。美娅小的时候精力十足，父母也由着她为所欲为：她与比她大的孩子一起参加派对，跟大男孩们约会。结果自然可想而知：美娅最终怀了孕（在告诉父母前，她先把孩子打掉了）。之后，她的叛逆行为依然继续，她的父母也由着她胡来，因为他们觉得如果管束她，只会让女儿与他们更加疏远。

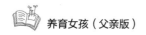

美娅的父母之所以决定来找我咨询，是因为他们担心她会再一次意外怀孕。当她的父母与我交谈时，美娅在旁边气呼呼地一句话也不说，我真怕她会忽然尖叫或哭泣。

美娅没有怀孕，但她得了性病。我对她进行了治疗，并向她的父母推荐了一位优秀的家庭辅导师。我敢说只要假以时日，美娅最终会好起来，她与父母的关系也会得到修复，但这毕竟是一段糟糕的经历。

美娅的父母犯了一个巨大的错误：在女儿尚未获得驾驭自由的能力之前给了她太多自由。

父母们很容易犯这样的错误。身为父母，我们希望自己的孩子喜欢我们，所以往往不想打扰他们的兴致。但父亲的职责并不是让女儿喜欢自己，而是保护她、引导她、教育她、监督她。只有当女儿足够成熟、懂得承担负责之后，你才能给她自由。

当然，有些父母会走向另一个极端，制定无数规则并让孩子严格遵守。这么做的结果往往是孩子只在被大人管着、吓唬着时才听话，一旦离开了家，就会任意妄为。

一个优秀的父亲应该善于反思。当女儿有不良行为时，你应该问自己原因何在，如何把她培养成人。从女儿蹒跚学步起，你的双眼就应该时刻盯紧目标，因为她最终将离开现在的家，过属于自己的生活。

有经验的父亲会告诉你：只是眨眼的工夫，你的宝贝女儿就已经开始上学了；日历才多翻了几页，她已经在球场上踢足球或打篮球了；当你还没来得及喘口气，她已经能自己开车，接着，你便从汽车后视镜里看到她正走进大一新生的宿舍；然后眼前一闪，你正挽着她的手走过红毯，把她送到那个声称会爱她、保护她的男人手上⋯⋯

身为父亲，你所做的一切都是为这些做准备。你无法成为女儿的好哥们，也无法成为一个永远看守她的"狱卒"。你的职责是培养女儿为独立生活做好准备。

这一路上，你会走一些弯路，但我为你提供了一些让你紧盯着目标的方法：

认识。 女儿（从青春期开始）日渐增强的自我意识不仅会让你感到不安，对她自己而言也是如此。所以当她十五岁的时候，她上一刻还会为某个男孩用心打扮自己，下一刻却已经抱着童年时最爱的毛绒玩具睡着了。你要认识到女儿成长过程中所面临的挑战。

完善。 随着女儿逐渐独立，你会发现她变得越来越心不在焉：她在家的时间越来越少，跟朋友们在一块的时间越来越多；她也许不愿再与家人一起度假，也不愿与你一起出现在公众场合；她也许会把你跟谁谁的父母做比较，认为你不如人家；她也许会逃避家务，晚于你规定的时间回家，跟你顶嘴（比之前更频繁），并向你要求更多自由。其实她真正想问的是："你们能对我宽容到什么程度？"作为父亲，你需要密切

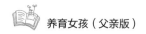

留意女儿的生活，理解她的成熟水平，在必要时说"不"，在情况允许时给她更多自由。优秀的父亲懂得，随着女儿年龄的增长，他也需要及时调整与女儿的关系——父女关系始终十分重要，但应以不同的方式去维护。

舍弃。父母们都讨厌这个想法，但为人父母就是一个逐渐放手的过程。对老爸而言，以安全的方式让女儿逐渐掌握自由是个挑战。先从小事开始给女儿一些自由，例如让她自己挑衣服（当然也要合理）、自己选择发型、为自己的房间确定装饰风格等等。之后再给她一些更大的自由，如独自约会、工作、开设银行账户，甚至独自照顾一辆汽车。你要在设定界线的前提下帮助女儿以合适的方式获得自由。

记住，规矩和界线会让女儿感受到你的爱，所以你要以最有利于她的方式行事，无需害怕。但另一方面，也要接受这一事实：随着女儿逐渐长大成熟，你终将逐渐放弃对她生活的控制。

眼睛时刻盯紧你的目标。毕竟，你希望看到的是一个优秀、独立的成年女儿。

* 好爸爸应该这样做 *

最后我要给父亲们一点儿警告：如果你的女儿违反了毫无商量余地的规矩（活跃的小女孩会故意违反规矩，以测试你的反应），你必须采取严厉的措施。我建议你把这些规矩的重点放在人身安全及对他人的尊重上。例如，未成年人饮酒不仅违法，还会有生命危险，因此不可饮酒便是毫无商量余地的规矩。当我们的孩子还处于青春期时，这些规矩和措施十分重要。家庭必须成为女儿了解规矩与承担违反规矩后果的地方。

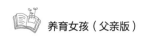

35

拥有良好的领导力

领导力是时下最热门的话题之一，以领导力为主题的研究和书籍层出不穷。但领导力究竟是什么？父亲对家庭和女儿的良好领导又意味着什么？

领导力大师约翰·麦斯韦尔（John Maxwell）曾说："领导力就是恰到好处的影响力——不多也不少。"科林·鲍威尔（Colin Powell）声称："领导力就是解决问题的能力。"苏珊·阿切尔（Susan Ascher，SusanAscher.com 的创办者、总裁和首席执行官）认为："领袖就是带领我们到达我们不敢独自涉足之地的人。"

这些定义都有其道理。父亲如同一位优秀的牧人，他需要有正直的心、灵巧的手和真正的领导力。

优秀的牧人。一位优秀的牧人不仅要引领自己的羊群，还要喂养它们，给它们安定的居所，保护它们不受猎食野兽的伤害。父亲们就像牧人，他的家庭就是他的羊群。

在《强爸爸 好女儿》一书中，我写到了小女孩被爸爸指引的渴望和需求："当你的女儿出生时，她就会辨得出爸爸的声音比妈妈更为低沉；当她开始蹒跚学步时，她会仰望你高大的身躯，把你当成一个又大、又聪明、又厉害的人；当她上学后，她依然会本能地向你寻求指引。"

当你的女儿进入青春期后，你作为牧人的角色会有所转变，但这种转变是必要的，女儿依然需要你充当她生命中的权威角色——哪怕她咒骂你的权威。这种咒骂只是一种测试：她想知道你究竟有多在乎她。

我父亲对我的保护欲极强，即使我上大学了也依然如此，我也曾反对过他的保护。但现在回想起来，我很感激我的父亲，因为他是一个善良而尽责的牧人。他用刚毅为我免除麻烦，让我感到爱意与安全。

正直的心。女孩都希望自己的爸爸是个品行高尚的男人，如果她们觉得父亲值得自己信任和尊重，就会更为听话。麦蒂就是这样。在母亲经历了一场惨烈的车祸后，父亲依然忠诚地照顾她，这让年幼的麦蒂对父亲充满敬畏。父亲的耐心、坚韧和他对婚姻、家庭的奉献都使他在麦蒂眼中成了一个真正的英雄。

刚强的性格最能彰显父亲的角色，因为在女儿眼中，父亲就该是这

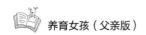

个样子：一个内心纯洁而坚毅的男子汉。如果你能在行动中体现这种品格，就能被你的女儿所喜爱。

灵巧的手。领导力是一种技巧，和大多数技巧一样，可以习得并通过训练而提高。当你阅读相关的书籍（如本书）或参加一些相关学习课程时，你就在为能更好地领导家庭而努力。记住：所有的领导力都与品格、理解力和行动力有关。

真正的领导力。我们的社会中充满了对下属颐指气使的领导者，但他们并非拥有真正的领导力。作为父亲，引领女儿的最佳方式就是为她服务。

当你能凭借关爱及正直行使你的权威时，你就会赢得女儿的尊重。女儿会时时地考验你，但如果你能以温柔和爱引领她，她就会转而寻求你的指引。当你不再引领女儿时，她就会寻找能替代你的其他人，但这个人对你的女儿却未必抱有良好意愿，别让这种事发生。

我愿以爱默生这段鼓舞人心的话结束本节："英雄主义真正的本质就是坚忍。所有的人都经历过冲动，然后适应，最后到宽怀的过程。但是当你想要变的伟大时，就得让自己变得坚强，而不是软弱地向这个世界屈服。这种英雄并不常见，当然也不平凡。"

* 好爸爸应该这样做 *

在引领女儿方面做个试验。坐下来，与女儿商量一个为家中成员做好事的"秘密计划"。你可以决定为妻子悄悄做顿她最爱吃的晚餐，也可以帮儿子的车打蜡。听听她有什么建议，然后制定一个明确的行动计划，确保在这件事上与女儿有顺畅的沟通。

开始实施计划时，给女儿分配一项任务（为了保证成功，不要给她难以胜任的任务），然后与她并肩工作，靠自己出色的表现来引领她。在这个过程中，你要积极为她提供鼓励和建设性意见，传授她做事的技巧，享受与她在一起的时光，一同欢笑、一起说话，告诉她服务他人的意义，为她出色地完成工作而表扬她。

最后，将成为女儿始终想追随的领导者作为你的目标。

36

真心爱女儿

一位名叫比尔的父亲最近向我吐露了自己的心事：

我的女儿怎么了？艾比一向是个温柔、体贴、稳重的小女孩，跟她走在一起都会使人高兴。但现在十二岁的她几乎变了一个人。她的情绪总是起伏不定，有时闷闷不乐，有时又发脾气，总是一连几个小时都在自己的房间里待着。她对她妈妈态度极差，当我想跟她说句话的时候，她看我的表情也是一脸厌恶。过去，她经常坐在我膝盖上看球赛，当我在店里不忙的时候，她也会过来陪我打发时间。但现在她什么都不愿跟我一块做了，如果我提议我们一起做点儿什么事，她要么翻翻白眼，要么就说一些尖酸的话。

说这些让我觉得挺难过，但说实话，我心里也不再那么喜欢她了。我知道这种事很难承认，但我的确有这种感觉。这正常吗？一个当父亲的居然不喜欢自己的骨肉？但艾比已经变成了一个讨厌鬼，一个虚荣自私的女孩，有时候我唯一能做的就是克制住自己别把她一枪打死。

我认识很多父亲，他们也经历过比尔的窘境。真相其实是这样：孩子们（特别是将要进入青春期时）并不总是那么可爱，他们也可能会自私、小气、刻薄、暴躁。我曾在一家问题少女纠正中心担任医生，花了无数时间与那些遭受身体、心理和性虐待的女孩们打交道。当她们出现在我的办公室时，通常都是一副很受伤的样子，像街角的流浪猫一样戒心重重。她们的世界往往凌乱而粗鄙，而她们选择刻意压制自己的情感，要进入她们的世界、透过她们愤怒的表面看到她们内心深处受伤而沮丧的小女孩实在不易。但如果她们需要帮助的话，我就必须与她们沟通交流，这意味着首先我要获得她们的信任。要做到这一点，我就要让她们感到我喜欢她们、接受她们。坦白说，要喜欢某个极力不想让人喜欢的人的确很难。

正如比尔经历的那样，不仅流浪少年或离家出走的孩子有这种倾向，那些"正常"家庭中的"好孩子"有时也很难让人喜欢。当你的女儿焦躁易怒、对你充满敌意时，你往往会忍不住举起双手，心里说："算了，我放弃。"但有什么用呢？有时你连喜欢自己的孩子都很难。

但如果你的女儿确信你喜欢她的话，她还是会跟你交流。如果她感到你常常否定她，会认为你对她的喜爱不情不愿，是无奈，是假装，那么她将不再理睬你。因此，让女儿知道你真心喜欢她是十分重要的。

当然，这并不意味着你要喜欢她所有的言行举止。如果女儿明白尽管自己有缺点，跟你在某些事情上有分歧，但你依然从心底接纳她、爱她，那么她便能接受你对她的否定。

那么像比尔这样的父亲该怎么办呢？在《你的孩子有危险：未成年性行为如何威胁我们的子女》一书中，我给出的答案是这样的："喜欢不讨人喜欢的孩子，关键就是拒绝被他们牵着鼻子走。你需要保持冷静客观，不要把他们无礼的言语或态度当回事。"

在应对这种情况时，父母常会犯两个错误。首先，他们会把孩子的不良行为归咎于自己，会说："这都是我的错。如果我是个好父母的话，他/她就不会这样。"其次，他们会试图通过父母的权威，想一劳永逸地改变孩子某种不良行为。他们会说："我无法忍受这种行为。我必须给他/她点儿压力，让他/她不再这样。"

当你有责怪自己或对孩子施压的想法（或两种想法都有）时，请不要将你的想法付诸实施。这一切并不是你的错，你的孩子也只是个孩子而已，他们只不过正在人生的道路上摸索着前进。作为父亲，为了自己也为了女儿，请接受这个事实。

想想那句充满哲理的老话："和蔼一点儿，因为每个你遇到的人都在各自的战场上奋力战斗。"换句话说，请提醒自己：女儿的白眼、倨傲和令人沮丧的话只是表面而已，这是她更深层问题的显现，说明她的内心正受到困扰，你应该耐心而温柔地找出折磨女儿的究竟是什么。设想一下，如果女儿患病了，你会把她的症状看成是对你的不敬吗？不但不会，你还会以浓厚的爱和温柔去对待她。你也应该这样看待此时她心灵的困扰。

如何喜欢一个不讨人喜欢的孩子？当你品行不是很光彩时，你需要（并希望）别人怎样宽恕你，就请你去怎样宽恕别人。

* 好爸爸应该这样做 *

被喜爱是你女儿的主要需求之一，即使她最近的行为很恶劣，也希望你能喜欢她。而她自己甚至都无法理解这一点，更别说表达出来了。所以，给她个惊喜。找出女儿身上一两个值得喜爱的优点并告诉她。如果你们的关系紧张到各不理睬，你可以写张纸条放到她的桌子上或枕边。

女儿也许会把你写的纸条撕碎扔进垃圾桶或与你争吵，具体怎么做取决于她的心情。但没关系，你可以过几天再写一张纸条。如果她想跟你吵架的话，别被她牵着鼻子走，继续告诉她你真诚地喜爱她。

我不想给你不切实际的许诺，你可能得等上一阵子才能看到效果，但千万不能放弃。你的温柔、勇气和坚持——即使在你忍不住要说"算了吧"的时候也依然继续——最终会带来改变。根据你面临的具体情况，可能需要几天、几周、几个月甚至一年才能有所改善，然而随着时间的流逝，你的女儿最终会感谢你。

37

学会倾听

　　我的很多青少年患者都不止一次对我说："我的父母从不听我说话，他们只知道说教。"坦白说，倾听对大多数人来说都不是强项，导致这一文化缺陷的原因有许多。首先，倾听是一种技巧，就跟贴瓷砖和烤牛排一样，我们得通过学习才能掌握。倾听需要训练，我们需要有人传授我们倾听的技巧。你或许曾报名参加过潜水培训班、高尔夫培训班、公共演讲培训班等等，但你可曾见过教人如何倾听的培训班吗？

　　我们不是好听众的另一个原因是，倾听需要花费时间，而我们的时间总是不够用。我们总是忙完一件事又忙另一件事，恨不得把所有的事都做完。当我们匆忙的时候根本无暇细听，而为了表达出心中的确切感受，我们常需要说很多话。因此，倾听时我们必须得让自己慢下来。

倾听还需要专注，这很难做到，因为我们的文化氛围只能让我们在短时间内集中精神。不仅如此，哪怕只是一会儿时间，我们的注意力也常常被各式各样的事物所分散：紧急的工作任务、待付的账单、业余活动、未完成的家装计划等等。这无怪乎我们常会一边挂念着别的事，一边试图听别人讲话了。

倾听——尤其对男人来说——似乎是件被动而无意义的事，因为男人倾向于做一个问题解决者。当我们能实际解决问题的时候，干吗坐着说空话呢？很多男人在听别人说话时心不在焉也是这个原因。当女儿提到一个问题时，父亲立刻就对她接下来的话充耳不闻了，因为他的心思已经集中于如何去解决这个问题。当女儿停下来喘口气，父亲便迫不及待地提出自己"万无一失"的解决方案。一旦女儿因父亲根本没听自己的话而泪眼汪汪时，父亲往往会沮丧地摆摆手。

有的父亲会反驳说："听我女儿说话不是太难，简直就是不可能。她啥也不说，像个贝壳紧闭的河蚌一样。"关于这一点，我可以凭我与女孩广泛接触的实际经验告诉你，事实并非如此，这只是表象而已。女儿们非常渴望与父亲交流，问题在于很多父亲由于上面所列举的原因（也有别的原因），无意中打击了女儿开口说话的积极性。如果女儿开口说话的结果就是爸爸放空的眼神和心不在焉地嘀咕，或一通长长的说教，那么她们自然不会再同父亲交流。

尽管倾听的习惯很难培养，但做起来并不复杂。正确的方式是：在倾听时，你不一定非得说话，只需维持你的存在就行。你无需进行说教或提供建议，只需要专注。当女儿年幼时，如果爸爸善于倾听她，那么等她长大，她也会善于倾听老爸。

* 好爸爸应该这样做 *

我在《强爸爸 好女儿》一书中写道："倾听很难，特别是当女儿的话在你听来毫无意义时。但你还是要听下去。坐下来，看着她的眼睛，不要分心走神，这会为你赢得女儿的信任、爱和依恋。"

做个试验。在接下来的一周，每天花十分钟时间不受打扰地好好陪女儿。你不需要花很多钱，也不需要做很新奇的事。开动脑筋想想，选择一项安静、适合女儿年龄的活动，但一定要将活动受到的干扰降到最低。你们可以坐在庭院中的秋千上聊天、一起拼拼图、一起开车兜风(关掉收音机)、一起打乒乓球、一起做一些简单的家务，还可以在房子周围遛遛狗——但只能有你们两个人。

不管做什么活动，都要问她女儿两个问题：她今天遇到的最好的事是什么？她今天遇到的最糟糕的事又是什么？从好事开始，因为我们更喜欢与别人分享好消息，这也能鼓励女儿开口说话。

克制住自己，别去打断她的话，也千万不要批评她，只需静静地听。在听的过程中尽可能多地与女儿进行眼神交流，保持微笑。如果你不是正在开车，请面对着她，靠近她，适时给她一个拥抱。同时，留心她的声调、面部表情和肢体语言，仔细观察她，不要分心。在面对重要客户时你会这么做，那么面对远比客户重要的女儿时你为何不能这么做呢？

坚持一周，看看会发生什么改变。

38

处事有度

从 1937 年直至 1949 年退出赛场，乔·路易斯（Joe Louis）都是世界重量级拳击冠军的保持者——即使是在"二战"期间为美军服役时，他也依然保持着这一纪录。有一天，当他驾驶军车时，这位被称为"褐色轰炸机"的拳王与别人撞了车，但事故的原因并不在他。对方的司机怒气冲冲地从车里跳出来，当他得知路易斯的身份后，竟冲着他高声咒骂。但路易斯始终冷静地坐在座位上，任由那个司机怒骂、吐口水。

等那个司机终于开车离开后，路易斯的伙伴问他："乔，你怎么能由着那个家伙对你吼叫？怎么不出去教训教训他？"

路易斯回答道："我干吗要那么做呢？要是有人冒犯了卡鲁索（Caruso，1873-1921，意大利男高音歌唱家、著名歌剧演员——译者注），

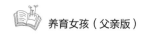

难道他要还要给对方唱段歌剧吗？"

路易斯的自我克制清楚地说明，刚强的男子汉不需要时时对别人秀肌肉。路易斯知道自己是世界上最优秀的拳手，他根本无需证明。如果他真的与别人叫嚷冲突甚至动手，不仅无益于解决问题，只会有失他的身份。

每次看到有些父亲摆出一副与女儿争吵的架势，我都会想起这个故事。有的父亲对任何琐事都会小题大做，无论何时，女儿的一个白眼、一次口齿不清的表达或一句尖酸的话都会招来他们的说教、责骂或惩罚。很快，这个家庭的气氛就会变得极为紧张，每个人都踮着脚尖走路，似乎随时都会爆发争吵。

这也让我想起了另一个与拳击有关的故事。一个拳击经理让他的拳击手取消了一场本可轻易获胜且报酬丰厚的比赛。当别人问他为什么这么做时，他的回答妙极了："我的拳手还有很多场比赛要打，他不值得为了这么一个对手就把所有的劲儿都用完。"

说得真好。我们都有很多场比赛要打（至少有些比赛真的值得打一场），何必总是这么气势汹汹呢？为何要因一些鸡毛蒜皮的小事而起争执呢？有争吵的必要吗？我建议父母们谨慎选择自己要加入的战斗——不要因孩子稚气的行为而严厉管教他们，只有当他们有明显而故意的悖逆行为时再这么做。

　　詹姆斯·杜布森博士（James Dobson）在《勇于管教》（*Dare to Discipline*）一书中也探讨过这一观点。假设你两岁的女儿打翻了盛燕麦粥的碗，还在桌子上乱涂燕麦糊，她是故意这么做的吗？显然不是，她只是觉得这么做很有趣。如果你十一岁的女儿把妈妈的眼线笔偷偷放进书包并带到学校去，她是故意不听你们的话吗？也不是，她这么做只是因为缺乏安全感，又或许是想靠这么做交一些朋友，融入某个小集体中去。如果你十七岁的女儿错过了大学入学考试的最后注册期限，她很可能不是想故意气你们，虽然她的身体已经发育成熟，但头脑还没有。

　　所有这些行为都很烦人，但都是典型的孩子气的行为，她们这么做并不是对你的故意忤逆。只有当你看着两岁女儿的眼睛说"别再把碗打翻"，或对你十一岁的女儿说"你不准在学校化妆"但她依然不听你的话，又或你对青春期的女儿说"拿这些钱去交大学入学考试的注册费"她却拿这笔钱去购物时，你才真正需要管教她们。

　　如果女儿明显违反了你定下的规矩，你就需要及时而有力地做出回应，可以根据她的年龄采取必要的措施。例如，当你两岁的女儿故意打翻饭碗时，你可以罚她两分钟内不准动（另外做好心理准备：性子倔强的孩子可能会一次次故意打翻饭碗，以考验你的耐性）；对于十一岁的女儿，你可以罚她一周内不准去朋友家玩；对于十七岁的女儿，你可以

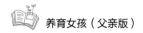

暂扣她的智能手机。

在与孩子的较量中取得胜利十分重要，这是严肃的教育，值得你严肃对待。你不能先对女儿说"我们要没收你的手机一星期"，然后又因为她不停抱怨，两天后就把手机还给她以图清净。

如果你在女儿还小时对她一再让步，随着年龄的增长，她算计、哄骗你的手段会越来越高超，行为会越来越过分。父亲们要留神：你现在越是让步，以后就越难立规矩。你顺从地把手机还给女儿的行为会使你在她心中失去威严。

由于你要处理的事情很多，可以忽略一些鸡毛蒜皮的小事，但对于女儿明显的悖逆必须采取行动，并且要站稳脚跟，别被她击败。

* 好爸爸应该这样做 *

花点儿时间（最好与妻子一起）评估一下你管教孩子的策略。你可以问自己以下问题：

- 我有属于自己的"管教哲学"吗?

- 我管教孩子的方式有哪些优点?

- 我管教孩子的方式有哪些缺点?

- 女儿在哪些方面可能需要我们管教?

- 哪些小事是可以忽略的?

39

教女儿感恩

一位名叫史蒂文的父亲对我抱怨道：

女儿对我和她妈妈的付出一点儿也不知道感恩。上周六是凯西的六岁生日，我的妻子卡拉专门为她做了一个漂亮的蛋糕，上面有个迪士尼角色，但我记不清是哪个了，反正就是个红头发的女孩。总之，它看上去太棒了。我们租了一个大蹦蹦床放到院子前面，还请了十五个她的朋友。

所有人都兴高采烈，除了凯西。她简直太没规矩了——一会儿噘噘嘴，一会儿又表现得很没礼貌。我问卡拉："女儿是怎么回事？"她耸了耸肩说："或许她有点儿人来疯？"

不管怎么说，生日派对总算结束了。当天晚上我们为她开家庭庆祝会，送了她一些小礼物，还给了她一辆新自行车。可这次她更过分，直接说："就这个吗？"连句感谢爸妈的话都没有，一句也没说。

当天晚上我躺在床上忽然想到：凯西不是今天才这样的，她从来都没表达过谢意。和妻子谈过之后，我们觉得事情不太对，有必要做出改变。我们可不想培养一个不知感恩的孩子。

如果我此刻戴着帽子，一定会向史蒂文和卡拉脱帽致敬——我们需要更多这样的父母。我们应教会孩子感恩，他们应该懂得为所拥有的一切心存感激，包括感谢父母。

教育孩子感恩要尽早开始，当女儿大一点儿时，就应该教她在收到生日礼物时说谢谢。当祖母为她织了一件毛衣作为圣诞节礼物时，你要教她如何对祖母表达谢意（哪怕她觉得毛衣很丑）。

孩子在家中也要有礼节，你应该让女儿懂得对你和妻子为她的付出而感恩。教女儿感恩的一种方式是为她定期分配家务：让她跟你一起做饭、洗碗，教她洗衣服，帮她存钱为家人买礼物。同家人一起完成的任务是孩子的好老师，你要为女儿的辛勤努力而感谢她，同时也要教她感谢你的辛劳。

身为父母，我们应努力彰显约翰·邓普顿（John Templeton）这段话的意义："如果我们能帮助我们的孩子和孙儿们从小学会感恩该多好

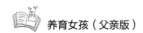

啊。感恩打开许多扇大门。感恩改变孩子的性格。有充满愤恨的小孩，有消极的小孩，也有感恩的小孩。感恩的小孩愿意给予，他们散发出快乐的气息，让人们不由得想靠近。"

感恩是对自己福祉的认可，这种认可反过来又会鼓舞我们去祝福他人。让感恩成为你家庭生活的一部分吧。

* 好爸爸应该这样做 *

坐下来与女儿一起列个清单，写下所有让你们心存感激的事物，并考考对方，看彼此还能对清单做何补充。完成清单之后，请讨论一下海伦·凯勒（Helen Kelle）这句哲言："我感激上帝赐我残缺。透过伤残，我找到自己、我的工作、我的主宰。"

40

培养女儿解决问题的能力

　　我的一位朋友说，女人可分为两种：一种是"先锋型"女人，一种是"公主型"女人。"公主型"女人是指那些被宠坏、纵容的女人，她们总觉得自己应该过更好的生活，周围的人都应该让着她们。这类女人需要高昂的维护成本，她们往往以自我为中心，惯于依赖别人，也容易陷入无助之中。她们总觉得自己是受害者，总盼着有人能来搭救她们。

　　而"先锋型"女人指的是那种自信满满，从小被教育要努力工作、服务他人的女孩。她们很坚强，不会因一点儿小小的考验就花容失色。她们是机敏、优秀、头脑清晰的思考者，有良好的务实精神和自立精神。

　　男人们天生喜欢解决问题，而几乎所有的"先锋型"女人都是优秀父亲教导的结果。

在《强爸爸 好女儿》一书中，我讲述了凯莉的故事。凯莉是个可爱、活泼的女孩，来自于一个教养良好的家庭，但由于她的精力过于旺盛，导致她勤勉而体贴的父母疲惫不堪。最后，智穷力竭的父母只好来找我帮忙，而他们的咨询也非常典型：凯莉的妈妈希望得到情感支持，她与我谈话的主题是作为一位多动症患儿的母亲有多么艰难；而凯莉的爸爸则想找到问题的解决办法。

在女人看来，男人的这种反应很奇怪。一般说来，男性处理问题的方式与女性不同。我知道这有点儿"刻板印象"，但女人更倾向于寻求理解与同情，男人则显得对感受方面不怎么关心，只想把事情搞定。男女之间常常发生冲突，这也是原因之一。但也正因如此，父母两人的力量刚好互补，可以在育儿问题上结成团队。父母若能理解这一点，他们的孩子就是幸运的。

从父亲那里，女儿能学到解决实际问题的技巧。修理秋千的是爸爸，找回逃走的松鼠的也是爸爸。对优秀的爸爸来说，这些都是分内的事。

但这只是开始。聪明的爸爸不只会为自己的女儿解决问题，还应培养她独立解决问题的能力。通过这种方式，父亲会把女儿培养成"先锋型"而非"公主型"的女人。

你女儿的年龄越大，你就越应该教会她"怎么办"，而不是简单地对她说"让我来"。

你自己搞定一切当然更为省时省力，但你的女儿需要学习。不论是处理与哥哥的纷争还是把断了的鞋跟装回去，你都应逐渐让她自己来。女儿需要发挥自己的才智和创造力，她需要知道自己能行。

如果你希望女儿长大后能成为一个聪明、有能力的女人，可以从容自信地面对生活的考验，那么在成长的过程中，你就应该让她去面对挑战。告诉女儿如何做，让她自己去做，将问题指给她看，让她自己想办法解决。

身为女儿的父亲，你需要合作——不仅与妻子，也是与将来长大成人的女儿。

相信你是个优秀的父亲，从现在开始，努力把女儿培养成一个优秀的女人吧。

* 好爸爸应该这样做 *

利用情景模拟培养女儿解决问题的能力。问问她遇到以下情况该怎么办：

- 她把午餐盒忘家里了。
- 她自行车的链条断了。

- 她早晨醒来，发现没有可以穿去学校的干净外套。

- 她的某个朋友提议一起看一部不适合她们看的电影。

- 有一门很难的科目即将举行大考。

- 她的朋友借了她的毛衣不还。

传授女儿一些基本技巧也有助于增强她解决问题的能力。你可以教她：

- 换掉漏气的（自行车或汽车）轮胎。

- 使用洗碗机和烘干机。

- 煎出完美的鸡蛋。

- 在电脑上备份文件。

- 为打印机换墨盒。

- 熨衬衣。

- 打基本绳结。

- 钉钉子。

- 强力胶布的十种神奇用法。

- 撞车之后该怎么办。

41

保护女儿

为人父母就如同把心脏挂在胸膛外，总会有所担心。当你看到心爱的孩子第一天上学，看到不会骑车的他/她在自行车上摇摇摆摆地踩着踏板，一定会替他/她捏一把汗。当女儿第一次在朋友家过夜或参加一个盛大的舞会，你的保护本能会使你紧张不已。

相信我。作为妈妈和祖母，我太知道什么是"护犊之情"了。我也知道，你的女儿会在你心中唤起从未有过的情感和冲动。这有点儿奇怪，不是吗？短短几年前，她还只是个怕黑的小女孩，现在青春期的她却在问你她能否在外过夜。

不用我说你也知道，身为父母，这种谜一般的保护欲是有必要的。你在网络上看过太多令人不安的故事，也从朋友那里听过类似的传闻。

作为一个行医三十多年的儿科医生，我也亲眼见证过很多悲惨的事件，这些事完全可能发生在我们自己的孩子身上。那么，作为父亲该怎么办才好呢？

优秀的父亲应从以下几个层面保护女儿：

心智层面的保护。在《强爸爸 好女儿》一书中，我讲述过安娜的故事。读四年级的安娜突然莫名其妙地对父亲很抵触。她的父亲花了好几个月时间才弄清楚女儿态度转变的根源。原来，安娜在切换电视频道时无意中看到了一幕非常露骨的性（或许是强奸）场景，这给她的心理造成了严重创伤，并把自己所受的伤害投射到了父亲身上。幸亏我们最终跟安娜谈起了这个事件，不然她可能在很多年内都会对性和男人（包括她的父亲）有扭曲的认识。

父母怎么关心孩子都不过分。在互联网普及的今天，你的孩子离真正的危险只有一次点击的距离。不怀好意的人在视频网站上以"无害的视频"引诱孩子们，社交媒体上的成人内容也十分常见。因此我常常建议爸爸们：不要在孩子的卧室装电视或电脑。你和妻子需要限制孩子对网络的使用，限制他们看电视的时段。

一些爸爸感到他们有必要采取更为严厉的措施，比如干脆拔掉电视的电源，或者使用家长监护功能，屏蔽掉某些频道，使用网页过滤器等。

活在这个社会中，你不可能永远将女儿与外界隔绝，但你可以限制她心灵所能接触的东西。对女儿来说，你有责任保护她。

身体和性层面的保护。在《你的孩子有危险：未成年性行为如何威胁我们子女》中我曾广泛探讨过这一话题。未成年性行为会毁掉我们的孩子。目前，有四分之一的美国青少年患有性病，感染种类总计多达三十余种，青少年男女的抑郁水平也因此而严重超标。你该如何避免自己的女儿陷入风险中？简单说来就是要与她保持沟通，同她聊聊天，不时给她一个拥抱。如果父亲能以合适的肢体语言表达对女儿的爱意，那么女儿对不恰当的性信息的关注就会减少。你应当确保她的着装合适，不让她参加无监护人在场的派对活动。你要有足够的勇气做一名"坏爸爸"，否则女儿有可能会被真正的坏蛋揽入怀中。

社交层面的保护。你需要了解女儿在学校有哪些朋友，这些朋友的父母是什么人。这确实费些力气，但这是弄清孩子都受哪些人影响的最佳方式。积极参加家长会，除了了解女儿的学业状况，同样需要了解她的人际状况以及她在学校是否受到过欺凌。在学校之外，把你的家当作女儿与朋友聚会的场所，鼓励女儿把朋友带到家里来，在不给他们压力的情况下，问一些关于他们的情况（孩子们都喜欢谈论自己）。例如他们喜欢什么、不喜欢什么、兄弟姐妹什么情况、住哪里等等。通过这种方式，你不仅能掌握这些孩子的情况，更能了解他们的家庭和父母的状况。在了解这些情况时，你不应该让他们觉得你在调查他们，而应像单纯地出于好奇和兴趣，关键是不要带有偏见。你这么做只是为了保护女儿。当女儿受邀拜访朋友时，你要与朋友的家长通话以了解详情。如果女儿质疑你的做法，你可以告诉她你只是本能地觉得"不太对劲"而已。

* 好爸爸应该这样做 *

如果你的女儿已经超过十一岁，请与她进行一次谈话。告诉她：1. 你会陪伴她。当她遇到问题时，她随时都可以来找你（哪怕是她感到很丢脸的事）；2. 当她的朋友在十二、十三、十四或十五岁时也许会做一些不恰当的事，这些事极为有害（例如看不合适的影片、尝试性行为、酗酒和吸毒等等）。

向女儿解释：由于存在许多不安全的事，你需要同她商量一下她的"屏幕时间"。这包括她接触的电脑、游戏、歌曲、影视节目等等。与女儿谈谈她最近看的一部电影，问问她："这部电影什么地方让你喜欢/不喜欢？"留心她的回答。如果她说："我也不知道。这部电影有点儿暴力。"那么你可以接着问她："暴力会给你造成困扰吗？"这会鼓励她自己思考。好问题能引导孩子做出好结论，这样一来女儿就会愿意听你提问，因为她会认为这些结论是她自己得出的。

随着话题的深入，你可以问她："我知道你说的那部电视剧中有粗口和性爱场景，这些会给你造成困扰吗？"这样的问题或许会让女儿产生防卫心理，因为她知道，如果她说"是"的话，你就会禁止她再看那部剧。所以你要强调你只想听听她的真实想法，设法通过谈话获知她真正的感受。你要让女儿明白，一切风险因素所针对的目标都是她，而不是你，因为市场营销人员和生产者希望她更多地购买他们的产品。问问女儿被这些人操纵和利用的感觉如何。

告诉女儿，你与她进行这类谈话的目的不是为了监视她，而是为了帮她认清自己脚下的道路，因为她生活的世界极力想影响她的价值观和想法，你不希望她成为错误观念的受害者。你不可能用一次谈话涵盖所有的话题，但这会成为你和女儿后续重要交流的良好开端。

42

服务他人

当我的孩子们还小的时候，有天我和丈夫约定晚上吃中国料理外卖，他去取餐。丈夫离开家之前，我提醒他说："别忘了给我带蛋卷（本人的最爱）！"他点了点头，两个女儿跟他一块跳上车出发了。

当他们回家之后把所有的食物都放在餐桌上，有很多白色的小餐盒——但一个蛋卷也没有！我沮丧地对丈夫吼道："你出门前我就告诉你了：'别忘了给我带蛋卷！'"

丈夫垂下了头。在令人难堪的沉默中，我六岁大的女儿拉着我的袖子，贴近我耳边对我说，在他们从餐馆回家的路上，她爸爸看到一个男人在翻垃圾桶中的罐头。他立刻把车停在附近，跟那个男人打了个招呼，并对他说他这有一些中国料理。丈夫对那人说："先生，你想吃什么都行。"

可能你也猜到了，那人挑了我最喜欢吃的蛋卷。

我的女儿们在很多很多年之后依然记得这件事。她们的父亲在黑暗中停车的这几分钟，给她们呈现了一幅生动的画面，真切地教她们懂得了你想如何被别人对待，就得如何对待别人的道理。丈夫这个简单的举动将慈善的观念深深印在了女儿们的心上。

马丁·路德·金（Martin Luther King）曾说："生活中最持久与最迫切的问题是：'你在为他人做什么？'"他还说："每个人都可以很伟大，因为任何人都可以为他人服务。你不需要有大学学位才能服务，不需要懂得主语和动词如何搭配才能服务。你只需要一颗充满慈悲的心、一个由爱而生的灵魂。"

那么我们该如何服务他人呢？

观看。阿黛尔·卡尔霍恩（Adele Calhoun）牧师说："服务他人根植于观看之中。"我们应该观看并关爱所有人。

帮助。如果你在家中不爱帮助家人，现在就做出改变，比如帮家人洗碗或洗衣服。你也可以选择在家庭之外的慈善活动中尽一份力。

邀请。不要把服务他人只当成是自己的事，应该把它变成全家人的事。让女儿与你一起劳作，这将是宝贵的一课。这个世界不厌其烦地教女儿如何思考，我们却有义务教她认识一种截然不同的生活方式，让她亲身体会德日进神父（Pierre Teilhard de Chardin）的话："生命中最愉

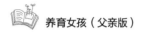

悦的事情莫过于将自我的一大部分都用于奉献他人。"

我可以用我的亲身经历向你保证：没有什么比服务他人更能给你喜悦满足，哪怕付出的代价是吃不到心爱的蛋卷。

* 好爸爸应该这样做 *

问问女儿：

• 我们如何给家人更多帮助？

• 我们如何给街坊邻里更多帮助？

• 我们如何给自己的社区更多帮助？

如果你有任何好主意的话，就把它们落实到行动中去吧！

43

设定与他人的界限

本森家遇上了麻烦事，让我们看看是怎么回事：

一向很少跑步的斯坦在慢跑，他通常以这种方式缓解自己的严重焦虑。是什么让他这么心烦？当他去网球场接自己十三岁的女儿回家时，女儿的教练告诉她，卡瑞沙不能再当三号种子了。"斯坦先生，我要把她降为六号种子，因为她没有进步。说实话，她在退步。我很抱歉，希望你理解。"这预示着他和女儿在回家路上必定有一番激烈的争论。开头是斯坦指责女儿没努力练球，结果是女儿难以自控的哭泣。

当斯坦刚进家门，他妈妈就打来了电话，最终让自己不太情愿的儿子同意周末去看她。斯坦对妻子艾伦抱怨道："有几个老街坊路过我家的镇上，妈妈叫他们一起参加户外聚餐。我都有二十年没见过这些人了，干吗要答应妈妈呢？为了这个，我得放弃整个周六的下午和晚上，我本来是想利用那段时间粉刷一下客卧的。"

艾伦很想告诉他："因为你妈妈很会操纵人，你根本无法拒绝她。"但她最终还是忍住了没说。其实艾伦也是满心不高兴，因为她有一大堆衣服要洗，90%的衣服都是卡瑞沙的（他们的女儿爱买新衣服，她的衣服往往只试穿过一下就被扔进脏衣篮）。

这个时候，卡瑞沙正在楼上给她的朋友发短信说她讨厌网球："要不是怕老爸对我发疯，我真想明天就不上了。"

在我看来，本森家真应该为每个家庭成员的生活设定界限。例如，斯坦不应该逼女儿在一项她不太感兴趣的体育项目上表现优异。女儿是否要参加某项体育运动应该由自己决定，而不应由他定。斯坦也应该告诉自己的母亲："抱歉，妈妈，我去了也没意思。我还有其他计划，下次吧。祝你们玩得开心。"艾伦应该告诉卡瑞沙："宝贝，我不会洗你只穿过三十秒的衣服。既然你一天非得换四五套衣服才行，那么你最好自己洗衣服。"卡瑞沙需要对父亲坦诚一点儿："这个季度的比赛我已经打完了，明年我不想再打网球了。网球是你的梦想，但不是我的。"

与朋友或家人划定界限并不容易，这听起来有点儿违反常理。作为父亲，我自然要逼着女儿练球，因为以后她会感激我；我当然也应该接受母亲的邀请，毕竟她是我妈，我不想让别人觉得我们自私小气。但请相信我，设定界限对维持健康的人际关系和充实的生活非常重要，你的女儿需要你在这方面为她树立榜样。以下就是开始的方法。

简化。 看一下你的日程表，你安排的事情是否太多了？你喜欢自己手头上的事吗？本周有没有你既不感兴趣也没必要做甚至可以取消的事务？

拒绝。 我们不能永远为事务奔忙，也需要放松一下。你需要为享受宁静安排时间，并不为此心存内疚。

自行担责。 当女儿第 N 次弄坏手机，并恳求你再给她买一部新的时，你应该对她说到此为止，如果她想要一部新手机，就自己付钱。让每个家庭成员在一些事情上自行担责是另一个设定界限、培养个人责任感的好方法。

帮女儿设定能保护她的界限。例如：

身体界限。 从小就提醒女儿，她是自己身体的所有者，除了爸爸、妈妈和医生，任何人都不可以触碰她或看她的隐私部位。告诉她谁都不可以打她。此外也要让她知道，她应该以同样的方式尊重别人。

情感界限。 你的女儿必须了解：她应对自己的行为、语言和感受负责，但她无需对别人（包括她的爸爸、妈妈和兄弟姐妹）的行为、语言和感受负责。要孩子接受这一点也许有点儿难，因为直到二十岁左右他们都极为自我，自以为能改变整个世界，包括世界中的每个人。你应该

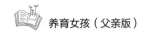

让女儿只对自己的生命负责。

你还需要教导女儿有主见。我建议你不仅要问她在学校的情况，还要问问她对自己一天所经历的事有何看法。通过这种方式，她能逐渐能学会表达自我，形成属于自己的感受，这对她设定自己的界限十分关键，同时也能避免别人替她设定界限。

人际界限。每个女孩都希望能融入集体，爸爸们也都希望自己的女儿能被集体接受，而不是被排挤在边缘。但当我们鼓励自己的孩子穿的跟朋友们一样，参加朋友们所参加的活动时，我们并没有教会她独立。这样一来，她便学不到如何设定健康的人际交往界限。

父亲们，负起责任来，尤其是在孩子对社交媒体的使用上。社交媒体的本质在于为朋友（以及不太熟的人甚至是陌生人）窥视个人的私生活打开一扇窗，这也是社交媒体会给很多人带来伤害的原因。孩子们（成人也一样）在社交媒体上放了太多的私人信息，为别人伤害他们提供了机会。因此，你需要限制女儿放上社交媒体的内容，监控她在社交媒体上的活动。如果她滥用社交媒体，你应该暂时禁止她使用。

事务界限。教女儿怎样合理利用时间，并教导她对自己的衣服、玩具、房间和电子设备负责。

* 好爸爸应该这样做 *

问问自己：我是否为女儿设定了必要而合理的界限？如果你在某些方面有所疏忽，请设法改正。

再问问自己：我是否为自己设定了合理的界限？我是否控制欲过强？在某些方面，我是否又太顺从了？如果有的邀请你想回绝，有的活动对你的家庭毫无意义，你也不感兴趣——拿出领袖的气概来，直截了当地说"不"。

44

适当地表达爱意

适当的肢体接触与爱意表达对孩子的生命有惊人的影响，作为一个医生，我也有无数的例子来证明这一点。

当我对父亲们说，他们应当通过适当的肢体接触表达对女儿的爱意时，有些父亲显得很不屑。这通常是因为当他们试图拥抱已进入青春期的女儿时，女儿的回应往往是厌恶的表情、不情愿的躲避和生硬的肩膀。

但这并不代表她不希望或不需要你以这种方式表达对她的爱意，而是其中另有原因。多数接近或处于青春期的女孩对自己的身体和性身份感到十分惶惑，妈妈的吻或爸爸的拥抱会让她们感到更加不自在。

但孩子依然需要并渴望我们经由肢体接触传达的爱意。如果你观察一下当地某个高中球场上的那些孩子，就能发现他们之间有各种肢体接触，而且这些接触几乎与性没有任何关系。男孩们会互相击掌，从身后给对方一个熊抱，把对方抛向空中，或进行小小的摔跤赛；女孩们则会抚摸彼此的头发，像许久不见的好友一样拥抱彼此。这些孩子们寻求的是亲密情谊，而且在这些场合下，他们的肢体接触与性无丝毫关系，与亲密的私人情谊系密切相关。

通过肢体接触，少男少女们会知道有人关注他们、喜爱他们。因此，当一个父亲——女人生命中最重要的人——疼爱地给女儿一个拥抱，或在她额头上轻轻一吻时，传达给她的爱意是深切的。事实上，爸爸的拥抱和轻吻会更为肯定女儿被爱的感觉，也有助于教女儿懂得自尊与端庄的意义。在思考肢体触碰的意义与力量时，我常常想到特蕾莎修女留下的精神遗产。她时常走在加尔各答肮脏的街道上，当看到有人即将死掉却无人在意时，她会用双手捧起那个可怜人的脸庞，直视着他／她的眼睛，好让他／她知道有人依然在意和承认他／她身为人类的尊严。通过这简单、包含慈爱的触碰，特蕾莎修女传达了她对别人的同情与尊重，而且不求任何回报。

父亲们也需要以这种无条件的爱为前提对待女儿，坚定地做一个善于以适当的肢体接触表达对女儿爱意的好爸爸。

＊ 好爸爸应该这样做 ＊

你也许会说："好吧，你说的都对。但这改变不了女儿不愿接受我拥抱她的事实。"

如果是这样，你可以从在沙发上挨着她坐下开始，在厨房遇到她时轻轻拍一下她的背，或走近她，从侧面给她一个轻快的拥抱。多多重复这些"小动作"。有些女孩——尤其是正处于青春期的女孩——尚在学习如何接受肢体触碰，你需要尊重和理解她们，但要懂得触碰和拥抱是非常重要的。为了女儿懂得健康的性观念和肢体语言，她需要从你这里了解被温柔、充满尊重地对待是什么样子。

我依然要提醒父亲，绝不要让任何人以不恰当的方式触碰你的女儿，这会令她深感惶惑，并导致她对健康的肢体接触也一概排斥。如果你看到任何人（包括家人或其他人）以挑逗的方式触碰你的女儿，应立即采取相应的行动。

45

关注自己的内心

如果你见过兰迪，肯定会喜欢他。他开朗、友善、直爽又有幽默感，事实上如果你跟他说上十分钟的话，就会希望跟他交朋友或让他做你的邻居。

兰迪还是一个对妻子康妮忠心耿耿的好丈夫，他们九岁女儿和六岁儿子的好爸爸。他拥有一家成功的保险公司，还是女儿的垒球教练，他和几个他大学时代的老朋友都是一家狩猎俱乐部的会员。

在很多人看来，兰迪的生活近乎完美。但过去几个星期里发生的一些小事开始侵蚀这幅完美的图景。例如：

- 兰迪最近对孩子很没耐心，常因为一点儿小事就对他们发脾气。

- 他在电脑上浏览不良内容的老毛病又犯了。

- 他对自己的财务状况感到极为焦虑（特别是当康妮越来越频繁地提到想在郊区盖新房子的计划时）。

- 或许由于他的焦虑，他最近体重也下降了好几斤。

今天早上发生的一件事终于成了压垮骆驼的最后一根稻草。在上班的路上，一辆货车突然停在兰迪面前。他终于忍不住爆发了，怒气冲冲的他脱口骂出了一句他很久都没说过的粗话。

兰迪的反应是如此过激、失态、令人不安，他到公司后待在车里反省了十分钟。他问自己：这些行为都从何而来？我究竟怎么了？

有人曾说，激烈的情绪反应可能是生活出现问题的预警信号。兰迪的行为正是他内心对自己发出的警告："冷静一下，好好想想哪不对。你应该好好反省一下了。"

对自己心灵的审视是极为重要的，因为如果心灵不健康，我们生命的方方面面都不会健康，我们的话语、选择和习惯都是我们内在心灵的直接反应。

那么像兰迪这样感受到内心危机的人该怎么办？怎样才算拥有一颗健康的心灵？

安静独处。当我们安静独处时，会与真实的自己面对面，这个时候也是我们与精神现实交流的良机。

安静独处的观念让很多人感到恐慌。正如潘霍华（Dietrich Bonhoeffer）所说："我们如此惧怕静默，于是无休止地奔逐竞驰，以免有一刻与自己独处的时光，以免瞥见镜中的自己。"当我们为工作或其他事情奔忙，置身于嘈杂之中时，就无法了解我们的内心。

启发性阅读。很多人在细心阅读经典著作的过程中都会经历内心的转变，那些深思生活的大师对人类心灵的曲折幽深有深刻的洞见。

写日记。写日记是自我反思的好方法，将你的行为和想法记录于纸上能收到良好的效果。

好爸爸会努力践行他想传达给女儿的价值观，如果你不首先照顾好自己的内心，就无法引领他人。

* 好爸爸应该这样做 *

买一个日记本每天记日记，内容上没有什么规定，任何有利于你维护良好心灵的事都可以写。

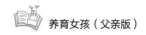

46

运用语言的力量

　　我经常对人说起在 1979 年九月的一天晚上，我的生命因一句话而改变。那时我刚大学毕业，还跟父母住在一起。当时我满心沮丧，对自己的未来感到一片茫然，因为我没能考上自己最心仪的医学院的研究生。

　　那天晚上我路过父亲的书房时，他正跟一个朋友通电话。我听到他说："我的女儿梅格很快要读医学院了，这太让我高兴了。"

　　就是这么短短的一句话，却有着使人重获新生的力量。尽管我的父亲并不知道我会去哪读医学院，他甚至都不知道我到底有没有考上医学院，但他坚信我一定能去读。他充满信心的话语也激起了我的信心，我觉得只要我用心就能做成任何事。

　　在接下来充满不安的几个月里，是父亲的话一直支撑着我。1980

年秋天，我终于考入了医学院。正是父亲的这句话改变了我的生命，但多年后当我跟父亲说起这件事时，他甚至都不记得自己打过这个电话。

父亲们，你们的话语蕴含着不为你所知的力量。

多数父亲都不像女人那样渴望交流，但你只需倾听，或许再加上几个精心选择的词语或单独一句话（正如我从父亲那里听到的），对女儿就已足够。

以下是六种以语言激励女儿的方式：

1. **告诉她你很关注她。**当女儿对你说话时，你不要只是点头或时不时地朝她看一眼。你应该专注并积极地以言语回应她，否则她可能会感到很无聊，甚至更糟糕——以为你根本不在乎她。

2. **告诉她你很欣赏她。**我不是鼓励你虚情假意地吹捧女儿，而是需要你发现她内在的美好品质，如谨慎、有创造力、温柔、真诚等等。当你发现女儿具备这些品质时，要积极肯定她、赞美她。你可以对她说："我今天发现你身上有个好品质：在谁也没要求你的情况下，你就把自己的盘子拿到厨房去洗了。谢谢你如此贴心。"或者"当妈妈怪你把房间弄得乱糟糟的时候，你依然非常尊重妈妈。我很喜欢你这一点，这是很棒的品质，我以你为荣。"

不要过分关注女儿外在的东西，例如她的容貌或学习成绩等等，应多关注她的品格。这个世界总会有人因她的外在表现而奖励(或打击)她，但作为爸爸，你应该欣赏女儿外在背后的品质。有人曾说："你夸什么，就能在孩子身上得到什么。"这句话是对的。过于重视外在浮华之物的父亲很可能会培养出一个像他一样沉迷于浮华之物的女儿。

3. 告诉她你爱她。但这句话不能说得过多。当女儿还小的时候，这句话比较容易说出口，但当她长大一些，更需要听到你说这句话。如果你足够真诚，这三个字就能滋润女儿的内心。不要对她说："我爱你，因为你如何美丽如何聪明。"如果女儿问你为何爱她，告诉她你因她的本性而爱她，因她独特而珍贵的心灵而爱她。

4. 与她分享你的人生故事。你不用把事情的所有细节都原原本本地告诉女儿，但要告诉她你曾犯过的错误以及是如何改正这些错误的。与她讲讲你获得的经验，当她遇到困难时，你的经验会赋予她必要的勇气和智慧。

5. 与她分享你的价值观。当你和女儿走过印有身穿比基尼模特的广告牌时，告诉她端庄的意义；当你们听到某个警察因造假而被抓的新闻时，同她谈谈诚实的重要性；当她有未成年的朋友怀孕时，告诉她为何你觉得应该在结婚之后再进行性行为。正是在这些看似随意的日常交流中，父亲的话最能发挥作用。

6. 告诉她你对她的期望。这并不是说你应该把女儿的人生道路安排得一丝不苟，而是说你要对她的生活怀有愿景，应该为她描绘一个光明的未来。

告诉女儿你希望她始终做一个诚实正直的女人；当你听到有人靠自己的意志与勤奋获得成功后，告诉她："你也可以做到。"

我的父亲知道我非常想成为一名医生，他也对我有信心。从他与朋友的谈话中，我听到了这一点，这让我的命运从此不同。

我对你的建议是：当你对别人表扬女儿时，别指望她每次都恰巧听到。直接表扬她，凭借你的话语为她的生命带来财富。

* 好爸爸应该这样做 *

从今天起，努力在与女儿的交流中带给她财富。不要担心你们的交流不够完美，如果你是真诚的，哪怕你言语笨拙，女儿也一定感觉得到你对她的爱。

47

保持警惕

上世纪七十年代，当我还在读大学时，我的一个密友说她不想要孩子："让孩子降生于这么一个疯狂不安的世界太不负责任了。"在那之后的很多年，我一直都能从很多已婚的年轻夫妇那里听到类似这样的话。

对此，我从三个层面上回应这个观点：1. 这个世界对父母一直都是（将来也会是）可怕的地方。2. 我们应该凭着信心和力量行事，而不应受恐惧驱使。3. 如果我们打量一下周围会发现，大部分出生于动荡不安的年代的孩子不仅安稳地度过了童年，自己也当上了好父母。

说到维护儿童安全，我的积极性不亚于任何人。相信我，作为妈妈、祖母和医生，我深切地了解父母在孩子安全方面的担忧。这世界上的确有很多邪恶的东西，无论是从身体、心理、道德还是智慧等层面上讲，我们的孩子都面临着诸多威胁。

从孩子降生于家庭直到他们离家独立生活，父母都在时时为他们担心。窒息危险、食物过敏、意外事故、疾病、性侵害、同辈压力、毒品、酒精、媒体和互联网的不良影响等等——各种各样的危险似乎根本说不完。幸亏工作和睡眠还能稍微分散一下我们的心神，不然恐怕我们都会像胎中的婴儿一样缩成一团了。

尽管我们的世界危险重重，但你也有办法应对，至少可以最大限度地减少女儿陷入麻烦之中的机会。即使女儿真的遇到了麻烦，你也不应绝望地什么也不做。你应该挺起胸膛，更要睁大双眼、保持警惕。

那么父亲应该如何保持警醒，如何守护自己的女儿？这需要你做很多事，其中包括：

留意。当你与女儿交流时，务必关掉电视，把手机放到一边——一心多用只是幻觉。与女儿进行眼神交流，留心她的面部表情，注意听她话中的弦外之音，留意她未出口的话，问她问题，鼓励她说出心里话。

限制。不要在女儿的房间里摆设电脑和电视。开启网页过滤功能，屏蔽某些电视频道，不要让她在家长不在场的时候使用互联网（哪怕是为了做作业）或看电视。当女儿年龄还小时，不要让她使用智能手机，也不许她创建社交媒体账户。绝对不要让她参加提供酒精饮料的派对，她在穿衣打扮上要接受父母的监督。当然，所有这些限制都会遭到女儿

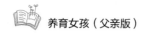

的反抗，但你这么做是正确的。在女儿的内心深处，她也会明白你做这些不是为了惩罚她，而是为了保护她。

监督。了解女儿有哪些朋友，以及这些朋友的家长是什么人。如果你允许她使用智能手机的话，你要事先告诉她你会检查她的短信。同样地，如果你允许女儿使用社交媒体，就先让她加你为好友或关注她。我必须提醒你，你和妻子有必要这么做，这些正是女孩们容易陷进去的地方，不能对此麻痹大意。当你的女儿长到十六七岁的时候，绝对不要让她单独留在家中，哪怕她是个非常规矩的女孩。

警告。只要可能，根据女儿的年龄向她解释社会中的危险因素，并要让她懂得你为何要为她制定规矩和限制。虽然你不希望吓唬她，但依然应该让她对潜在危险保持必要的恐惧感（就如同幼童对触摸热炉子的恐惧一样）。

你的女儿生活于一个时时受到不良信息侵扰的文化氛围中，要想保护她茁壮成长，关键在于睁大眼睛，看清她所接触的事物，然后紧紧拉着她的手，带她穿越这些障碍，时刻保持警醒。

* 好爸爸应该这样做 *

现在就屏蔽掉家中电视不合适的频道和节目（不仅要屏蔽内容，连某些敏感的节目名称也要一并屏蔽），为家中的电脑设置网页过滤器。

与你的妻子商量一下，制定一个更缜密的防范计划，以保护女儿不受伤害。

STRONG FATHERS, STRONG DAUGHTERS
DEVOTIONAL

第五章

———

好父亲的影响

48

对女儿长久的馈赠

　　我希望你能花时间思索一下这个问题：你会为女儿留下什么遗产？一份遗产就是一份可继承物。从一般意义上说，可继承物指的是你留给继承人的金钱或财产，但我们也会留下一些非物质的遗产。

　　值得珍惜的回忆。聪明、优秀的爸爸知道，与女儿共同的回忆将是他能给女儿留下的最珍贵的礼物。对女儿来说，你留下的任何金钱或珠宝，都比不上跟她一起吃午餐或骑自行车带她去公园的记忆。我认识一位父亲，他在孩子还小时带他们去了很多精彩的地方。现在，他的孩子们都已长大，但他们一说起爸爸开着小货车带他们探险的经历依然兴致勃勃。忘掉物质吧，将最珍贵的记忆留给女儿。女儿会成长为什么样子，取决于你与她或未能与她共度的时日。

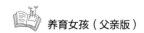

人生经验。另一项你能留给女儿的宝贵遗产是你的人生故事。告诉她你的人生高峰和低谷，成功与失败，同她分享你生命中学到的经验，将你父母赋予你的智慧传递给女儿——这比一大箱锁在保险柜里钞票和债券更有价值。

生活技巧。一位三十多岁的妈妈与丈夫一起装修自己的房子，当她从工具架上取下她父亲用过的卷尺时，忽然微笑着流出了眼泪。因为她想起了在读高中时，她帮父亲把自家阁楼改造成她的卧室的情景。父亲教会了她很多基本的木工技巧，这些技巧伴随了她几乎二十年。

一个值得学习的榜样。不论你是否承认，你都是女儿的榜样，这既是天性使然（遗传了我们的 DNA），也与教养有关（与我们一起生活）。因此，我们对孩子的影响是潜移默化的。

每个女儿都会受到父亲或好或坏的影响，你会照着自己的样子培养孩子。无论女儿和你长得像不像，她必定会模仿你的行为、习惯、姿态（或许是无意识的），传承你的价值观，甚至连你的怪癖都跟着学。因此，你应该为女儿树立一个良好的榜样。

在《强爸爸 好女儿》一书中，我这样评价精神遗产的重要意义："有天，当她长大之后，你们之间的关系会发生某些转变。如果你在培养她时尽职尽责，她就会找一个像你一样爱她、愿意为她战斗、与她心灵相通的男人。但这个人永远无法取代你在她心中的位置，因为你是她生命中的第一个男人。这就是成为好父亲的终极回报。"

　　当你的女儿离开家，或当你永远地离开女儿时，请确保你对她的馈赠是丰饶的。

* 好爸爸应该这样做 *

　　找出盛有你童年记忆的百宝箱或家庭旧相册，与女儿分享一些家族记忆。将你父母曾告诉过你的故事讲给女儿听。

　　如果你现在生活的地方并非你长大的地方，可以带女儿进行一次"寻根之旅"。当你带她回到你童年时游戏的地方，与她分享散落于各个角落的旧故事，会使她有一种更深切的继承感。

　　你甚至可以同女儿一道研究一下自己的家谱（借助网络，你一定会有惊奇的发现）。

49

接受无法预料的结果

在《强爸爸 好女儿》中，我讲过艾达令人悲伤的故事。艾达是家里三姐妹中最小的一个，来自美国中部一个教养良好的家庭。她是个好女孩，与爸爸艾利克斯和妈妈玛丽的关系一直非常密切，也从没给父母招惹过什么麻烦——直到她开始读高中。

十五岁时，尽管父母非常努力地与艾达沟通，但她依然迷失了方向。艾利克斯经常带女儿出去吃午餐、看电影，周末也带她出去度短假，但这一切都未能阻止艾达继续堕落。

十六岁时，艾达偷了家里的钱离家出走。艾利克斯雇了一个私家侦探，发现女儿已经跑到了圣迭戈。艾利克斯飞到美国西部去接艾达，但她却拒绝跟父亲一起回家，并威胁他说："如果非逼我回去，我还会再逃的。"她当时在一家便利店工作，并和一个年龄足足比她大两倍的离婚男人住在一起。心碎的艾利克斯最终独自一人离开了加州。

一年之后，艾利克斯去看女儿，但这一年他和女儿没有任何联系。这次他发现艾达住在为流浪者开设的庇护中心，她看起来似乎病了，但依然拒绝跟父亲一块回家。

在艾达十八岁生日那天，艾利克斯第三次去看她，这次他发现女儿已经流落街头。艾利克斯知道她肯定在吸毒，也许还以卖淫为生。他哀切地恳求女儿跟他回家，但艾达依然拒绝。

这场噩梦一直延续到艾达快二十岁的时候。一天，在开会时，艾利克斯的电话响了，是艾达！她抽泣着对父亲说她现在正在密歇根州激流市的火车站。艾利克斯立刻离开会议室去找她。此时艾达掉光了头发，十分消瘦，看上去苍老而憔悴。但至少，她愿意回家了。

艾利克斯把艾达带回了家，她试着恢复正常的生活，同时努力与父母和好。直到今天，谁也不知道艾达为何要做出那些事，她自己可能也不知道。

从某种意义上讲，我们至少能说这个令人悲伤的故事总算有个好的结局。我讲这个故事的目的，是为了强调父母在养育子女时会面临种种不确定的因素。

随着孩子们的年龄增长，我们会发现逐渐对他们失去了控制。还记

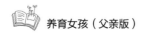

得当你试图为女儿系安全带时，她如何挣扎抗拒吗？还记得你为她穿上你给她挑的漂亮衣服的情景吗？当你的女儿获得更多自由时，她犯严重错误（至少是你不希望她做出的行为）的可能性也在增加。

有时我们可以干预她的选择，但有时我们却无法干预（或不该干预）。你不希望女儿文身，但她已经文了，你能怎么办？你不希望女儿发生婚前性行为，事实上你还一再告诫她，但她现在哭着对你说她怀孕了。

我不想尽说些扫兴的事，但我想重申：没有什么神奇秘诀让我们成为完美父母，培养出完美的孩子，也没有什么能保证让孩子一定会获得某种品质的"老爸指南"，事情的结果非我们所能预料。

你需要凭勇气、信心和谦卑之心承担自己父亲的角色，坚持下去。从终极意义上说，对女儿行为负责的是她自己。你只需尽力做好你自己，大多数情况都会得到好结果，但世事难料，别太过苛求从而让自己伤心。

50

为女儿而战

身为男人，你每天都要战斗，而且似乎永无休止。工作有时就像一场激战，当你回家时，家庭的战场往往也没有宁静可言——你与女儿因为她的饮食、朋友、睡觉时间、衣着等问题争执不休。正如多数爸爸一样，你可能也觉得你在跟流行文化和现代科技进行着一场无望的战斗。最难的是，你常常得与内心和外界的百万种声音对抗，这些声音会告诉你，身为父亲你应该做什么，又不该做什么。

我想对你说的是：女儿值得你去为她战斗。别轻易放弃，以交流的愿望带领女儿前行，保持警惕，密切留意危险的征兆，对一切可能会伤害女儿或伤害你们之间关系的事情发起攻击。女儿需要你存在于她的生活中，当她离开家时，你应该微笑着，明确地告诉她："作为你的父亲，我会一直为你而战。"

培养女儿也像是一场赛跑，但这并不是百米冲刺（尽管在回忆中，我们童年似乎很短暂），而是一场马拉松，需要我们意志坚定地跑下去，拥有永不放弃的决心。做父亲是艰难的，但也是伟大的。如果你能尽心尽力地做一名好父亲，教会女儿谦卑、正直和勇气，她将会成为一个影响世界的了不起的女人。

美国奥运马拉松名将莱恩·霍尔（Ryan Hall）曾说："当我跑步时，我不去想前面的路，不去想正在跑的路，也不去想已跑过的路。我只会专注于此刻。"这是个非常棒的建议。曾保持着七项田径记录的传奇长跑运动员史提夫·普方坦（Steve Prefontaine）说："任何未尽全力都是对自己天赋的浪费。"你的女儿也是上天赐你的礼物，她值得你尽心对待。

也许你离终点线还很远，但相信我，你的奖赏值得你去努力。有个人说："当你不知道你能否跑完马拉松时，你尚处于黑暗之中……但如果你坚持不放弃，你就能跑完，并拥有一份伴随终生的喜悦。"

阿尔文·托夫勒（Alvin Toffler）曾说："父母们依然是最大的业余群体。"这句话太对了。你可能也会想："我怎么知道？为什么医院会把孩子交到我这个懵头懵脑的爸爸手上？"因此，你和很多父亲一样，到处寻找能培养出优秀孩子的育儿秘诀或神奇速成术。书籍和讲座能提供很多有用的育儿建议，但如果父亲本身就缺少一项育儿的关键要素——

信心——那么所有这些都毫无价值。

有信心意味着你必须在场，哪怕你倍感艰难甚至讨厌这个过程。只有那些不断投入时间和精力的战士才会赢得最终的胜利，他们会骄傲地扬起双手，告诉你他们赢得的奖赏远比付出要丰厚。

西奥多·罗斯福曾说："生命有很多种成功值得我们争取。成为一个优秀的商人、铁路工人、农场主、医生或律师等都是很有趣、很吸引人的事。还有成为一名作家、当上总统、经营农场、成为一名率领战斗部队的上校、杀死狂暴的熊或狮子等等。但养育一群孩子所能带来的乐趣和喜悦……令一切成就都黯然失色。"

一位好爸爸也是一位幸福的爸爸。我在《强爸爸 好女儿》中所写的一段话也表达了同样的意思：

"每一天都是一个挑战。每日的工作都是艰辛的……很多时候，我们的日子都令人失望。我们总是不断争取能令我们的生活更圆满的事物，但越是寻求，它似乎就离我们越远。因为我们寻求的东西不在别处，而在此处。它不是我们的工作、业余爱好，也不是更多的金钱和性。它是我们的家庭——孩子和你的配偶，这才是我们生活的真正中心。明白这一点的人就能得到自己寻求的东西，不明白这一点的人永远不会获得真正的幸福和满足。"

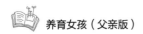

＊好爸爸应该这样做＊

读到这里，你唯一该做的事就是付诸行动。再回头浏览一遍本书，找出你标注过的地方，重读一下你在书页边缘写下的笔记，找一个可行的事项，从今天甚至现在起就开始做。相信你会成为一个优秀的爸爸，将女儿培养成一个优秀的女人。